Cornelia Franke (Hrsg.)

Weil wir Mädchen sind

Wölfchen Verlag
2012

Cornelia Franke (Hrsg.)

Weil wir Mädchen sind

Wölfchen Verlag
2012

Bibliografische Information durch die Deutsche Nationalbibliothek: Die Deutsche Nationalbibliothek verzeichnet diese Publikation in der Deutschen Nationalbibliografie; detaillierte bibliografische Daten sind im Internet über http://www.d-nb.de abrufbar.

ISBN: 978-3-943406-09-2

Copyright (2012) Wölfchen Verlag

Coverillustration:
© 2012 Joachim "Jogurd" Lindner

Buchillustrationen:
© 2012 Joachim "Jogurd" Lindner

Werbeillustrationen:
© 2012 Joachim "Jogurd" Lindner

Lektorat:
Cornelia Franke

Hergestellt in Syke, Germany (EU)
www.woelfchen-verlag.de

Erste Auflage

11,90 Euro (D)

Vorwort

Liebe Leserinnen und Leser,

zunächst möchte ich mich bedanken, dass ihr euch die Zeit nehmt, das Vorwort zu lesen, das ich mir ausgedacht habe. Normalerweise überspringe ich immer diesen Part, um direkt zum Spannenden vorzustoßen. Um euch nicht allzu lange aufzuhalten, fasse ich mich kurz.

Die ersten Ideen zu dieser Anthologie entstanden im Juni 2011. Der Wölfchen Verlag steckte noch mitten in seiner Gründung, während wir schon die ersten Projekte diskutierten. Im Zuge dessen trat mein Verleger, Alfons Th. Seeboth, an mich heran und fragte, ob ich mir vorstellen könnte, als Herausgeberin aufzutreten. Um ehrlich zu sein, ich fragte zurück, was ich denn als sogenannte Herausgeberin alles machen muss? Zu diesem Zeitpunkt hatte ich mich nur als Autorin an Kurzgeschichtenwettbewerben beteiligt. Doch ich merkte schnell, dass ich mich dazu entscheiden würde, dieses Anthologieprojekt zu übernehmen. Schließlich diktierte mir mein Kopf den Ausschreibungstext binnen einer Nacht.

Mittlerweile habe ich meine Feuertaufe überstanden. Was auch gut ist, sonst würdet ihr jetzt nicht dieses Buch in den Händen halten und den Text hier lesen. (Insofern ihr ihn nicht übersprungen habt.)

Die einundzwanzig Teilnehmergeschichten drehen sich um das Mysterium Mädchen. Um ihre Eigenschaften, Fähigkeiten und Talente, die sie auszeichnen. Um all diese Besonderheiten, warum Mädchen es lieben und nicht ausstehen können, diese zu sein.

Denn sie können Männer mit einem Wimpernschlag um den Finger wickeln, streiten sich mit ihren Freundinnen wie Furien über die banalsten Dinge, um im nächsten Moment in Kichern zu verfallen, und tanzen nackt im Mondschein, um ihren Liebsten für sich zu gewinnen. Und natürlich verschafft so manches Mädchen einem Jungen Kopfschmerzen, weil er diese Geschöpfe einfach nicht nachvollziehen kann. Zu Recht und zum Glück, sage ich, sonst wäre diese Anthologie um einige amüsante Geschichten kürzer.

Abschließend gilt mein Dank zum einen Herrn Seeboth, der das Vertrauen in mich setzte, dass ich dieses Projekt gestemmt bekomme. Und zum anderen meinem Ehemann Dominic, der sich mit mir durch den Stapel Einsendungen arbeitete, mit Rat zur Seite stand und mein Kichern ertrug, wenn ich mich über die Kurzgeschichten köstlich amüsierte. Ohne dass er immer mit lachen konnte.
So hoffe ich, dass ihr nun schnell zu den Geschichten weiterblättert, um am Ende dieses Buches dem Mysterium Mädchen ein Stück näher zu kommen.

Herzlichst

Cornelia Franke

Inhaltsverzeichnis

1. Weil wir Mädchen sind 11
Amelie Hauptstock
2. Probleme mit der Atmosphäre 16
Ruth Kornberger
3. Ein Plan für alle Fälle 25
Andrea Bienek
4. Der perfekte Titel 37
Mirjam H. Hüberli
5. Seenot 41
Annika Dick
6. Weil ich eine Sirene bin! 50
Malena Just
7. Die Löwin in mir 58
Dörte Müller
8. Von Maniküre und Monstern 69
Anna Eichinger
9. Die geheime Zauberin 72
Rebecca Martin
10. An die Frau gegenüber von mir 87
Julian Stawecki
11. Emilys Heimkehr 91
Andreas Kimmelmann
12. Einen Schritt voraus 102
Vera Martin
13. Wunderschönes Mädchen 114
Sophie Seifert
14. Liebesbowle 124
Sigrid A. Urban

15. Ulrike 130
Grażyna Werner
16. Tritte in der Nacht 139
Manuela Inusa
17. Wie Anna ein Mädchen wurde 145
Cathrin Kühl
18. Lieber Mädchen als Junge? 152
Annika Dirks
19. Wettkampf 160
Sonja Schlegl
20. Schnee 170
Mika Khalil
21. 23 - Das Ende 180
Jessica R. Kugler

Weil wir Mädchen sind

Amelie Hauptstock

Ich glaube, ich habe mich an einem bestimmten Zeitpunkt bewusst dafür entschieden, den Sozialisierungen eines Mädchens nachzugeben oder ihnen zu folgen. Als junges Mädchen hatte ich nur Jungen als Freunde. Ich liebte es, stundenlang Fußball zu spielen, im Dreck zu hocken und mit den Fahrrädern über Hügel und durch Pfützen zu fahren. Ich wollte haben, was Jungs haben. Keine Prügelei habe ich gescheut und war immer eine der lautesten. Ich war das strohblonde Plappermaul. Ich weiß gar nicht, ob sie mich wirklich akzeptiert haben, aber ich war zufrieden, solange ich dabei sein durfte.

Ich erinnere mich noch genau an den einen Moment, an dem ich merkte, dass ich eben kein Junge war:

Es war Sommer und wie immer gingen wir auf den Spielplatz zum Fußballspielen, ich mittendrin. Ich war Torwart, denn im Gegensatz zu den meisten anderen hatte ich keine Angst vor dem anpreschenden Ball und auch Kopftreffer schmerzten nur kurzzeitig. Alle Jungs zogen sich ihr T-Shirt aus. Mein Oberkörper unterschied sich anatomisch nicht wirklich von denen der Jungs. Ich war damals vielleicht sieben oder acht, vielleicht auch schon neun Jahre alt. Trotzdem behielt ich mein Unterhemd an.

»Zieh das doch aus«, meinten die Jungs. *Nein*, dachte ich. Zum damaligen Zeitpunkt war das für mich keine Frage des Schamgefühls, sondern eher ein Bekennen zu meinem Dasein als Frau bzw. Mädchen. Mädchen ziehen sich das T-Shirt nicht aus. Und wenn schon das T-Shirt, dann wenigstens das Unterhemd nicht.

Von dem einen Moment an wechselte ich die Seiten. Und das nur, weil mir bewusst gemacht wurde, dass ich mich anatomisch von den Jungs unterschied und dass es eine Rolle spielte. Ich wurde, wenn auch nur in geringem Maße, ausgeschlossen, weil ich ein Mädchen war, unabhängig von meiner Leistung als Spielerin.

Den nächsten Tag ging ich nicht mehr zum Fußballspielen auf

den Spielplatz, sondern ich gesellte mich zu meinen Freundinnen und den Barbiepuppen. Wir sammelten Blütenblätter und Kräu- ter und kochten Zaubersuppen und Tränke. Wir unterhielten uns über Einkaufslisten und flochten unseren Puppen Zöpfe.

Von heute auf morgen fügte ich mich also in unser Rollenbild. Anstatt dagegen anzugehen, wählte ich den geringeren Widerstand und fand von da an rosafarbene Spielzeugautos und das Sitzen im Schatten interessanter als das Rumtoben.

Im Nachhinein bin ich überrascht, wie einfach ich mich für die andere Seite entschied. Vielleicht, weil ich es immer gewohnt war, das zu machen, worauf ich Lust hatte, sei es nun in der Matsche sitzen, im See zu baden oder schreiend durch die Gegend zu laufen.

Ich wurde trotzdem nicht zum stereotypischen Mädchen. Ich war immer sehr sportlich gewesen und meine Eltern legten sehr viel Wert auf Bewegung. Der Ehrgeiz kam von ganz allein. Ich wurde zur Leistungssportlerin, Schwerpunkt Wurfdisziplinen. Meine Nachmittage und Wochenenden verbrachte ich auf dem Trainingsplatz und bei Wettkämpfen. Später wählte ich Disziplinen, vor denen andere zurückschreckten. 400m, Hürden, Diskus. Mir gefielen die Abseitigkeit dieser Disziplinen. Außerdem spielte ich Basketball. Ich sprang zwar höher als alle anderen, machte aber nicht viele Körbe. Dafür verhinderte ich umso mehr. Und ich spielte, wenn nötig, bis zum bitteren Ende. Ich versuchte immer noch, gegen die Entscheidung von damals anzugehen. Ich widersetzte mich der eigenen Weiblichkeit. Nicht, dass meine Erscheinung das widerspiegelte. Lederschühchen, Bluse und Schmuck, das war nicht mein Stil, aber ich war auch nicht jungenhaft gekleidet. Androgyn würde man das heute nennen. Mal Hosen, mal Röcke und Kleider, mal enge, mal weite Sachen, mal kurze, mal lange Haare, und das in allen erdenklichen Farben.

Aber meine Einstellung, irgendetwas, eine innere Kraft brach immer wieder nach draußen.

Ich argumentierte Leute in Grund und Boden und schreckte nicht zurück, wenn mir jemand seine Meinung geigen wollte. Ich hatte zwar Angst vor Bloßstellung, aber ich hielt alles aus. Diese besondere innere Kraft, diese Wut versuchte ich zu ignorieren und mich stattdessen anzupassen. Es folgte eine selbst gewählte Isolation, weil ich irgendwann das ganze Getue nicht mehr ertragen konnte. Das Rumgeheule der Mädchen. Das Gebaren der Jungs. Weil ich ein Mädchen bin, das war keine Begründung für mich. Das war eine Beleidigung.

Man kürte mich zur Feministin, und dann passierte das, was so oft passiert: Ich ließ mich von einer Beziehung verschlingen. Weil ich ein Mädchen war. Weil ich ein Mädchen war, gab es kaum etwas, wonach ich mich mehr sehnte: Eine Schulter zum Anlehnen, jemanden, der mich tröstete, wenn es mir nicht gut ging, jemanden, den ich trösten kann. Mutterinstinkt. Bei mir ist dieser sehr ausgeprägt. Gefolgt von einem Helferinnensyndrom. Ich erkenne, wenn Menschen, speziell Männer leiden (und die meisten tun das) und je komplizierter die Situation, je gebrochener die Verhältnisse und das Verhältnis zu sich selbst, desto mehr kümmere ich mich um sie.

In diesem einen Fall überforderte ich ihn und vergaß mich. Ich überschüttete ihn mit meiner weiblichen Liebe, die grenzenlos zu sein schien. Ich investierte in die Beziehung, während er es aushielt. Und, wie wir, meine Familie und ich, im Nachhinein erfahren konnten, selbst Jahre später noch ausnutzte. Ich wollte so sehr dem Bild genügen, für den Zusammenhalt zu sorgen, dass ich meinen eigenen Zusammenhalt mit mehr als zwei Füßen trat. Ich brach auseinander, genau, wie die Beziehung es tat.

Danach konnte ich auf den schönen Scherbenhaufen meines Selbst hinabsehen und seufzen. Ich seufzte, sehr lange. Aber ich fing auch an, die Einzelteile behutsam aufzunehmen, zu säubern und in eine sichere Position zu bringen. Ich habe das Bild nicht geflickt, ich habe die einzelnen Teile in einen inneren Schrank gestellt. Zur Ansicht, für spätere Zeiten. Die Teile, die noch intakt waren, kamen mir sehr vertraut vor: Die Kraft von früher, die Wut. Die Wut, nicht sein zu dürfen, was ich bin. Egal, ob das jetzt eine kraftvolle Frau oder ein störrisches Mädchen war. Ich hatte jahrelang mir die Schuld gegeben für alles Schlechte. Weil ich ein Mädchen war.

Nach vielen Stunden des inneren Aufräumens und den ersten Schritten außerhalb meiner Gedankenwelt stellte ich fest, wie gut ich es habe, dass ich ein Mädchen bin. Ich erkannte: Ich habe die Wahl, mich zu entscheiden. Männer entscheiden sich sehr viel eher für die konventionelle, passendere Lösung als Frauen. Im Gegensatz dazu überschreiten Frauen Grenzen, auch ihre eigenen, sehr viel häufiger. Sie sind vor allem auf emotionaler Ebene bereit und befähigt, Risiken einzugehen. Und verdammt, ja! Ich gehe lieber zehn Mal ein Risiko auf einer Beziehungsebene ein als ein Aktienrisiko. Aber diese Fähigkeit zu haben, und zwar auch die gesellschaftlich anerkannte, empathisch, sozial und emotional zu reagieren, das ist ein Geschenk. Mitgefühl haben und zeigen, verständnisvoll und doch selbstbewusst auf andere reagieren. Sich gegenseitig unterstützen und abfangen. Das sind weibliche Fähigkeiten. Dass diese Fähigkeiten einschüchternd wirken, ja, das glaube ich auch. Aber diesen Freiraum an Reaktionsmöglichkeiten können wir nur dann nutzen, wenn wir uns trauen. Wenn wir uns trauen, Mädchen zu sein.

Deshalb rechtfertige ich meine Emotionen nicht mehr, ich lebe sie. Mit allen Konsequenzen. Das heißt auch, dass ich mich entschuldige für dramatisierte Emotionen. Aber ich habe verstanden, dass ich diese Kraft, diese Wut anders zu sein, verwenden kann, um tatsächlich anders zu sein. Um nach vorne zu gehen. Um wieder einmal alles abzufangen, was mir entgegengeschleudert wird.

Ich mache das nicht daran fest, dass ich eine Frau bin. Das ist, wenn man so möchte, der biologische Umstand. Aber ich habe dadurch sozial verankerte Möglichkeiten bekommen, die ich einsetzen möchte, um anderen Mädchen und Frauen zu zeigen, dass es egal sein sollte, ob man sein T-Shirt anbehält oder nicht. Was zählt, ist der Wert für die Gemeinschaft, für das Team. Das ist jetzt meine Aufgabe. Das ist unsere Aufgabe. Nach vorne zu gehen und Wut zu Mut umzuwandeln.

Denn bisher sind wir als Frauen, egal wie alt, für unsere Gesellschaft noch immer Mädchen, die beim Fußball das T-Shirt nicht ausziehen wollen.

Wenn wir als Mädchen oder Frauen wahrgenommen werden wollen, dann müssen wir endlich anfangen, uns auch so zu verhalten. Gerade weil wir Mädchen sind.

Probleme mit der Atmosphäre

Ruth Kornberger

Als ich acht Jahre alt war, glaubten noch viele Leute, Mädchen und Frauen verständen nichts von Technik oder Naturwissenschaft. Das ist natürlich Quatsch und ich weiß das nicht erst, seitdem ich Roboter baue. Trotzdem gibt es Unterschiede. Männer tüfteln und drehen Schräubchen, wir vom weiblichen Geschlecht wollen zuerst die großen Zusammenhänge verstehen. Wäre ich als Junge geboren worden, hätte ich vielleicht nie entdeckt, was meine Oma mit Neil Armstrong gemeinsam hatte.

Damals, im Sommer 1969, fieberten alle der amerikanischen Mondmission entgegen und mein Opa, bei dem ich lebte, wurde nicht müde mir zu erklären, wie die Milchstraße funktionierte.

Über das Weltall wusste er viel und ich glaube, er hat sich auch von ihm inspirieren lassen, als er die Stromleitungen für die Laubenkolonie verlegte, in der wir wohnten. Bei uns im Kastanienweg gab es nämlich ebenfalls eine Sonne, um die sich alles drehte und das war die Stehlampe neben Opas Sofa. Wenn wir abends Licht machten, zählte ich in Gedanken:

1, 2, meine Freundin Karin schrie: »Der Strom ist da!«
3, 4, ihre Mutter begann in der Küche zu scheppern.
5, 6, bei Lemperts dudelte das Radio los.
7, 8, bei Krippkes ging die Waschmaschine an.
9, 10, Uwe wurde wach und legte eine Platte auf.

Wechselspannung floss munter aus jeder Steckdose, bis Opa fand, dass ich schlafen gehen sollte. Wir betteten uns zur Ruhe, Opa auf dem Sofa und ich im Klappbett unter dem Fenster. Opa streckte den Arm nach dem Schalter aus und kurz darauf ließ Herr Lempert einen Brüller los und verfluchte die Stadtwerke.

Am 16. Juli versammelte sich die gesamte Nachbarschaft in unserem Wohnzimmer. Uwe hatte einen gebrauchten Fernseher organisiert, an dessen Knöpfen er erfolglos herumdrehte, während alle anderen wild durcheinander redeten und ihn zur Eile trieben.

Opa wurde der Zirkus zu viel. »Guckt woanders! Ich will lieber den Radiobericht hören.«

»Aber das ist ein Jahrhundertereignis«, rief Uwes Freundin Sabine.

Sie schaute böse zu Uwe: »Hast du wieder den letzten Schrott organisiert!«

Uwe schwitzte und wackelte hektisch an den Kabeln. Ich bekam Mitleid mit ihm und schlich zur Lampe.

Klick machte der Schalter und alle raunten »Ah!«.

Beide Fernsehsender brachten Sondersendungen und hatten schon nach Houston geschaltet, wo gleich die Triebwerke gezündet werden sollten.

»Apollo 11 is ready to go«, verkündete ein Sprecher.

»Gleich geht's los«, übersetzte Sabine.

Ausgerechnet in diesem Moment rief jemand in der Telefonzelle am Weg an. Uwe stand auf, aber nur um den Fernseher lauter zu stellen. Sabine wurde nervös. Sie war eine fanatische Telefoniererin und bekam mit Abstand die meisten Anrufe.

»Mädchen, holt ihr mir den Hörer? Bitte!«

Ich sah Karin an. Die zog die Augenbrauen hoch.

»Ich bringe auch morgen Schokolade mit«, versprach Sabine.

»Rumkugeln!«, forderte ich.

»Rumkugeln, na gut.«

Karin und ich sausten los. Die Hörerreichweitenverlängerung war meine Erfindung. Man brauchte dafür nur zwei Extra-Telefonkordeln und eine Freundin, die gut werfen konnte. Ich zog den Hörer von der Kordel der Telefonzelle ab und klemmte sie zwischen meinen Finger mit den Kontakten von Extra-Telefonkordel Nummer 1 zusammen. Karin nahm das freie Ende von Nummer 1, verband es mit Extra-Telefonkordel Nummer 2 und steckte den Hörer an deren anderen Ende wieder dran. Dann liefen wir beide soweit wir konnten. Karin holte Schwung wie ein Lassowerfer und Sabine, die am Fenster stand, fing den Hörer auf.

»Hallo«, schnurrte sie, dann sagte sie enttäuscht zu meinem Opa: »Für dich.«

Ich wippte ungeduldig auf den Zehenspitzen. Von hier draußen erkannte ich durch das Fenster vom Fernsehbild nur das Logo in der Ecke.

»Noch neun Sekunden«, kommentierte Uwe.

Ich hüpfte, um besser sehen zu können. Die Triebwerke donnerten los. Mein Opa am Telefon machte wilde Gesten in Richtung Uwe. Der stemmte sich widerwillig hoch und stellte den Ton ab. Die anderen Nachbarn murrten. Opa signalisierte ihnen, zu schweigen.

»Elise«, sagte er den Namen seiner Frau in die Stille hinein. »Natürlich möchte ich dich sehen.«

Apollo 11 hob ab. »Wahnsinn«, sagte Uwe. »Das ist moderne Technik.«

Opa hielt den Hörer mit beiden Händen, als sei er etwas sehr Kostbares. »Samstag. Ich freue mich.«

Er lauschte noch eine Weile, dann gab er uns den Hörer zurück. Wir rannten so schnell wir konnten, damit wir nichts verpassten. Als Karin und ich von der Telefonzelle zurückkamen, die Telefonkordeln ordentlich um die Unterarme gewickelt, kniff mir Sabine in die Wange.

»Na, was sagst du - deine Oma kommt!«

Ich wusste nicht, was ich dazu sagen sollte und sah ratlos zum Fernseher. Apollo 11 schoss mit rasender Geschwindigkeit ins Weltall, irre schnell, wie ein Turbo-Auto, wie Superman, na, wie eine Rakete eben.

Opa stand immer noch in der Mitte des Wohnzimmers und starrte auf den Schimmelfleck in der Ecke, als wäre der gerade eben erst aus der Wand gesprossen.

Am nächsten Tag kam ich aus der Schule und erkannte unsere

Laube nicht wieder. Opa hatte alle Möbel heraus geräumt und den Boden geschrubbt. Nun fegte er die Spinnennetze von den Dachbalken. Dabei rumste er mit dem Besenstiel gegen das Holz und machte einen Höllenlärm.

»Wir sollen einen Aufsatz über Apollo 11 schreiben«, beschwerte ich mich. »Also könntest du bitte leiser sein? Ich muss mich konzentrieren.«

Opa grummelte. Ich schüttelte den Kopf und ließ mich im Schneidersitz an der Stelle nieder, an der sonst der Tisch stand. Alle Mädchen unserer Klasse waren in einen der Astronauten verliebt. Diese Männer waren verdammt mutig, sich auf den Mond zu trauen. Dort herrschte eine andere Atmosphäre. Ohne einen Schutz bekam man dort keine Luft und erfror. Armstrong, Collins und Aldrin würden deshalb dicke Anzüge tragen, die mit einer Klimaanlage und extra Sauerstoff ausgerüstet waren, aber wer wusste, ob die dort oben wirklich halfen? Hatte ja noch niemand getestet!

Derweil begann Opa, die rostzerfressenen Fenstergriffe mit einer Stahlbürste zu bearbeiten.

»Die Steine auf dem Mond«, dachte ich laut nach, »explodieren vielleicht beim Anfassen oder sie sind mit Säure gefüllt und wenn die Astronauten drauf treten - btzzz - ätzen sie ihnen ein Loch in den Anzug.«

Opa drehte sich um. Er sah müde aus.

»Ja«, seufzte er. »Das ist eine lebensfeindliche Umgebung.«

Er schlurfte zum Schrank, der jetzt unter dem Apfelbaum stand und holte das Plätteisen. Er wollte seine gute Hose bügeln, aber wie er sich dabei anstellte - ich konnte nicht hinschauen. Für jede Falte, die er fluchend platt machte, knitterte er drei neue hinein. Mir war das zu doof, ich beschloss, zu Karin zu gehen, wo Ruhe war.

In der Tür stieß ich mit Frau Schultegraf zusammen. Die nervte vielleicht! Ich vergaß meine Hausaufgaben wirklich nur selten, aber trotzdem wollte sie zweimal die Woche mit Opa sprechen.

Ich durfte dann nicht dabei sein, wollte ich auch nicht, mir reichten die Stunden, die ich sie am Vormittag ertragen musste. Von ihrem Parfum wurde mir schlecht und außerdem hatte sie eine Macke: Egal wie viele Kekse Opa auf den Tisch stellte, sie aß keinen. Aber sie hörte nicht auf, so hungrig zu starren, mit einem Blick, als könne Opa eine Sahnetorte aus ihrem Ohr ziehen. Doch an diesem Tag lief es anders.

»Frau Schultegraf.« Opa hielt das Plätteisen vor sich wie einen Schild. »Ich habe heute keine Zeit.«

Damit hatte Frau Schultegraf nicht gerechnet. Ihr Mund stand offen, ihr Fuß schwebte über der Schwelle, sie war in der Bewegung gefroren. Schade, dass Opa das entging, er hatte sich schon wieder über den Hosenaufschlag gebeugt.

»Morgen leider auch nicht«, murmelte er noch.

Frau Schultegraf zog ihren Fuß zurück. Sie drehte sich um und galoppierte davon.

»Toll!« rief ich. »Danke Opa, der hast du es echt gezeigt.«

Opa schwieg und bearbeitete verbissen die Hose. Ich nahm meine Hefte.

»Ich gehe zu Karin«, sagte ich.

Opa knallte das Plätteisen aufs Brett.

»Bleib hier und hilf mir! Bitte! Du bist doch ein Mädchen.«

Die Astronauten entfernten sich mit 39.000 km/h von der Erde und ich wäre gerne bei ihnen gewesen – Opa machte mich verrückt. Nachdem er drinnen Ordnung gemacht hatte, wütete er im Garten. Mit rechts mähte er den Rasen, mit links strich er den Zaun, mit den Zehen rupfte er Unkraut und mit dem Mund schoss er Blasrohrkügelchen nach den panisch davon schleimenden Schnecken. Ohne Quatsch, so habe ich es in Erinnerung! Ich setzte mich unter den Holunderstrauch und schmollte. Seine Mühen waren umsonst, Oma würde kneifen, ich hatte sie schon ein paar Mal beobachtet, von der Höhle am Waldrand aus. Sie lief die Wiesengrundstraße entlang und blieb bei der Bank stehen.

Dort hätte sie nur über den Graben springen und sich durch das Loch in der Hecke quetschen müssen, um unsere Laube zu sehen. Der Graben war nicht breit, man musste nur ordentlich Anlauf nehmen und auf dem flachen Stein abspringen. Doch Oma schaute nur und sprang nie.

Ich glaubte zu wissen, wieso: Oma kam von einem anderen Stern und hatte hier bei uns Probleme mit der Atmosphäre. Das hatte ich mir zusammengereimt aus dem, was Oma vor ihrem Weggehen gesagt hatte, und dem, was ich in der Zeitung las.

Der Stadtanzeiger schrieb manchmal über Oma, auch wenn sie nicht mehr an unserem Theater sang, sondern zu den größten Bühnen der Welt reiste, immer begleitet von Dutzenden verzückter Reporter, die ihre Stimme *nicht von dieser Welt* und *außerirdisch* nannten. Opa schnitt jeden Bericht aus. Er wünschte sich Oma zurück, aber wie er sagte, hatte er es selbst vermasselt. Früher hatte er Karten gespielt. Das wäre nicht schlimm gewesen, wenn er nicht ständig verloren hätte. Hatte er aber und deshalb mussten wir drei ziemlich schnell in immer kleinere Häuser ziehen: Von der Villa mit den 23 Bäumen davor, in ein Reihenhaus, von dort in eine Wohnung, und von dort in ein großes Zimmer bei anderen Leuten.

In diesem Zimmer begann Oma über die Atmosphäre zu klagen. Sie werde von ihr ängstlich und betrübt, und glaube manchmal, nicht mehr atmen zu können. Opa verteilte getrocknete Blüten im Zimmer und hängte bunte Tücher auf, aber das nützte natürlich nichts. Nach zwei Wochen zog Oma aus. Opa ließ das Kartenspielen daraufhin sofort sein und schwor, nie wieder damit anzufangen. Einen Monat lang schrieb er Oma jeden Tag einen Brief, aber es kam keiner zurück.

Samstagabend kickte Uwe schnaufend unser Gartentor auf. Er und Sabine trugen einen Fernseher, der noch größer war als der Letzte.

»Nein!«, schrie Opa. »Auf keinen Fall, ich erwarte Besuch!«

Die beiden taten, als hörten sie ihn nicht, und kamen rein, gefolgt von Gisela, Karin, den Krippkes, den Lemperts und Anatoli mit seinen elf Cousinen. Alle hatten Essen und Decken dabei, bald sah unsere Laube aus, wie ein Pfadfinderlager bei Platzregen. Ich konnte mich unbemerkt wegschleichen. Zwar wollte Oma nicht vom Bahnhof abgeholt werden - wahrscheinlich damit niemand sah, wenn sie sich beim Graben wieder nicht zu springen traute - aber ich war zu angespannt, um zu Hause zu bleiben. Auf dem Weg nach draußen zog ich Anatoli mit und flüsterte ihm zu, er müsse mir etwas für meine Tarnung leihen.

»Och nee ...«, protestierte er, »ohne Brille sehe ich nichts.«

Ich stemmte die Hände in die Hüften und wartete. Anatoli war in mich verschossen, deshalb würde er mir jeden Wunsch erfüllen - und richtig, er rückte die Brille raus. Ich setzte sie auf und rannte gegen einen Baum.

»Pass auf, da sind höllisch viele Dioptrine drin.« Anatoli nahm meinen Arm, als wäre ich blind. »Wenn du dich richtig tarnen willst, musst du auch meine Zahnspange tragen.«

Zischend saugte er den Speichel durch die Drähtchen an den Backenzähnen. »Komm schon, nimm sie. Das ist, als würden wir uns küssen.«

»Danke«, sagte ich. »Aber ich stecke sie erst einmal nur in die Tasche.«

Am Bahnhof setzte ich mich auf eine Bank, ganz hinten am Gleis. Von der Brille wurde mir übel, deshalb nahm ich sie ab und fischte eine Zeitung aus dem Abfalleimer, in die ich Gucklöcher bohrte.

Der Zug aus München war pünktlich. Oma stieg aus dem Restaurantabteil. Sie trug ein helles Kostüm und – mein Herz schlug schneller – sie hatte einen Koffer dabei! Ich versteckte mich hinter der Zeitung. Schritte, dann sagte sie direkt vor mir: »Monika, schön, dass du mich abholst.«

Was sollte ich da machen?

Während ich neben ihr herlief und erzählte, wie es in der Schule ging, überlegte ich angestrengt. Oma war chic wie eine Fernsehansagerin, das Tollste war der Koffer, ein glänzendes rotes Ding. Wenn ich mir vorstellte, wie sie unsere vollgestopfte Bude betrat - nein! Unsere Nachbarn und Oma stammten aus unterschiedlichen Galaxien, das würde nicht gut gehen. Ich musste Zeit gewinnen, das war zum Glück nicht schwer, denn Omas Schritte wurden immer langsamer. Als wir bei Fernseh-Werner vorbeikamen, dort standen schon eine Menge Leute vor den Vorführgeräten im Schaufenster, konnte ich sie ganz einfach überreden, die Landung abzuwarten. Ich hoffte, dass die sehr lange dauern würde.

Apollo 11 befand sich im Sinkflug. Den Fernsehton hörten wir nicht, aber ein Mann hatte ein Kofferradio dabei. Der Mond kam näher, doch die Landestelle lag voller Felsbrocken und deshalb flogen die Astronauten darüber hinweg.

Da fiel mir etwas ein: Frau Schultegraf sah die Mondlandung bei ihrer Schwester, ich würde Oma einfach zu ihrem leeren Haus führen, wo der Ersatzschlüssel unter einem Stein lag und sagen, wir seien umgezogen. Dann würde ich Oma in der Küche absetzen, die bestimmt tadellos geputzt war, losflitzen, Opa holen und ihm unterwegs die ganze Geschichte erklären.

Tolle Idee, die Leute jubelten und warfen sogar Konfetti. Aber nicht wegen mir, die Raumfähre war gelandet. Das Radio knarzte, Armstrong sagte etwas durch. Der Junge neben mir beugte sich wichtigtuerisch herunter und übersetzte: »Der Igel ist gelandet.«

»Fantastisch!«, rief Oma. »Was die Menschen fertig bringen! Das ist so inspirierend!« Sie sah mich an. »Da entlang, Monika?«

Bevor ich antworten konnte, nahm sie ihren Koffer und marschierte die Hauptstraße herunter. Bei der Kirche bog sie links ab, überquerte eine rote Ampel, ignorierte das Schimpfen der Autofahrer und rauschte durch das Tor der Kleingartenkolonie in den Kastanienweg. Unsere Laube war belagert von Leuten, die ich noch nie gesehen hatte, sie standen bis an die Tür. Das Gute daran war, dass sie unsere schäbigen Möbel verdeckten, das Schlechte war, dass sie mit ihren Schuhen bestimmt jede Menge Dreck herein geschleppt hatten. Oma räusperte sich und hatte gleich die ganze Aufmerksamkeit. Uwe sprang auf und machte den Platz neben Opa frei.

Oma trat über die Schwelle und ich hielt den Atem an. Sie ging langsam, als würde sie sich nicht durch Luft, sondern durch Erbsensuppe bewegen. Vor dem Sofa streckte sie eine Hand aus, um über das Polster zu bürsten, aber dann überlegte sie es sich anders und setzte sich einfach hin.

»Sie sind sicher gelandet«, sagte der Moderator, »nun erwarten wir mit Spannung, dass die Besatzung aussteigt.«

Bei uns wartete niemand, alle interessierten sich nur für meine Großeltern. Es war vollkommen still geworden, wie wenn man im Kino nicht weiß, ob der Film ein gutes Ende nimmt oder nicht. Jemand schob sich in die Tür und versperrte mir die Sicht. Ich protestierte, doch Uwe nahm mich auf seine Schultern, von dort konnte ich wieder sehen.

Oma legte eine Hand auf Opas Arm und lächelte. Sie schien nicht zu frieren und ihr Atem ging auch ganz normal. Keine Probleme mit der Atmosphäre.

In den frühen Morgenstunden stieg Armstrong sein Leiterchen herunter und sagte einen Spruch, den er sich bestimmt vorher gut überlegt hatte. Ich war da schon schläfrig. Durch halb geschlossene Lider verfolgte ich seinen Spaziergang. Angst hatte ich nicht mehr um ihn, die geglückte Mission meiner Oma hatte mich zuversichtlich gestimmt.

Und wirklich, Armstrong machte sogar kleine Hüpfer. Man konnte glauben, er sei schon oft auf dem Mond gewesen.

Bei uns auf dem Sofa hatte meine Oma ihren Kopf an den meines Opas gelehnt. Man konnte glauben, sie sei niemals weg gewesen.

Ein Plan für alle Fälle

Andrea Bienek

Fünf Gestalten eilten einen schier endlosen Korridor entlang. Über ihnen bogen sich hohe Decken, die auf massiven Säulen thronten, und mit den Füßen wandelten sie über behauenen Stein. In den Gesichtern tanzten flatternd die Schatten vom Schein der Wandfackeln. Am Ende des Gangs befand sich eine riesige, mit Metallbeschlägen verstärkte Tür. Die Schritte der Eilenden waren kaum zu hören. Nur das Keifen einer jungen Frau hallte durch das Gewölbe: »Da muss ein Fehler vorliegen, ehrwürdiger Ältester. Ihr wollt mich doch nicht ernsthaft mit diesen … diesen drei Kreaturen da zusammensperren!« Celina, ein rothaariges Vollbluthexenweib, redete unablässig auf einen Herrn ein, der mit gestrafften Schultern und hoch erhobenem Haupt an der Spitze der Gruppe voranging. Weder in seinem hageren Gesicht, noch in seiner Haltung war eine Gefühlsregung erkennbar.

Jemand lachte bellend wie ein Hund.

»Mon dieu, Celina!«, empörte sich nun eine weitere Stimme. »Das war wirklich sehr unhöflich von dir. Mich mit denen da auf eine Stufe zu stellen, tss! Ich bin Victoria, Vampirin adligen Gebläts! Und bei Weitem nicht so unwürdig wie dieser geistlose kleine Hungerhaken hier oder gar Mademoiselle Neele la Fellknäuel, die glaubt sie sei ein großer böser Werwolf!« Sie verzog angewidert das Gesicht und warf hochmütige Blicke auf die spindeldürre, winzige Todesfee zu ihrer Linken und zu der wesentlich kompakteren, stark behaarten Frau daneben. Dabei hauchte sie ihre perfekt manikürten Fingernägel an und rieb sie an ihrer Korsage.

Die als *Fellknäuel* bezeichnete Neele knurrte auf und warf der hoch gewachsenen Victoria einen wütenden Blick zu. Ihre braunen Afrolocken erzitterten wie die Krone eines Pudels, doch das konnte die stolze Blutsaugerin nicht erschüttern. Im Gegenteil. Sie begegnete der Werwölfin mit kühler Arroganz, lupfte provozierend eine Augenbraue.

Sofort begann Neeles Haut zu blubbern, was ein Zeichen dafür war, dass sich das wilde Tier in ihr kampfbereit machte.

Die Vampirin hielt dagegen, indem sie ihre roten Augen aufleuchten ließ.

Das machte Neele nur noch wütender und sie bleckte das messerscharfe Gebiss eines riesigen Wolfes. Woraufhin Victoria ihre gewaltigen Fangzähne präsentierte.

Das plötzliche Aufkreischen des *Hungerhakens*, Bethany, unterbrach sie schließlich: »Todesfeen sind nicht geistlos!« Ihr Jammern war ohrenbetäubend. »Meine Art ist Teil des Geistervolks! Und ich denke, wir sollten anfangen uns gegenseitig zu respektieren und ...«

»Fall tot um, Bethany. Was du denkst, will eh keiner wissen«, schnitt die Hexe ihr das Wort ab.

»Mensch, Celina! Wie bist du denn drauf?«, schnappte Neele.

Irritation zeigte sich auf dem Gesicht der Rothaarigen. »Bitte?«

»Die ist doch längst tot!«

»Ah! Ja. Und geistig wenig begeisternd.«

Bethany riss ihren Mund auf, zögerte, schloss ihn wieder und schmollte schließlich.

»Ich bitte um Mäßigung!«, hob der Älteste an. Keiner beachtete ihn.

»Als ob das bei dir anders wäre, Celina«, meldete sich die Vampirin Victoria zu Wort. »Wenn du deinen Kopf benutzt, dann doch nur, während du einen homme vernaschst.«

»Tja, und weil du stets nur ans Bluttrinken denkst statt ans Liebe machen, kam dein letzter Kerl ja auch zu mir.«

»Bien, ma Belle«, entgegnete Victoria und lächelte kalt. »Deine Qualitäten können so formidable nicht sein. Du erinnerst dich noch an Sascha? Er hat mich *angefleht* von dir erlöst zu werden.«

»Du verdammtes Miststück!«

»Nur kein Neid!«

»Moment mal«, schaltete Neele sich ein. Ihre Haut blubberte erneut bedrohlich. Der Werwolf in ihr drängte nach außen. »Sascha war *mein* Freund!« Sie packte die Hexe am Hals und hob sie hoch. Scharfe Krallen bohrten sich tief in Celinas Fleisch. »Du hast ihn verhext und ihn mir weggenommen!« Neeles Mund verlängerte sich zur Schnauze und Geifer troff vom Unterkiefer.

Celina gurgelte und zappelte mit den Füßen über dem Boden. Krampfhaft versuchte sie Neeles Finger von ihrem Hals zu lösen.

»Lykanthrop und Magierin, vertraget euch!«, versuchte der Älteste einzuschreiten. Vergebens. »Banshee«, befahl er. »Trenne sie!«

Die Todesfee gehorchte und legte ihre knochige Hand um den Unterarm der Werwölfin. Neele zitterte wie ein Armdrücker, als Bethany ihren Arm Stück für Stück nach unten zog. Sie wollte nicht nachgeben, hatte aber keine Chance gegen Bethanys gespenstische Kraft.

Kaum wieder frei, verzerrte sich Celinas Gesicht zur Fratze und bekam einen grünlichen Teint. Sie zischelte ein paar magische Worte, deutete auf Neele. Sofort verschwand die Werwölfin in einer dichten, wabernden Rauchsäule und explodierte dann wie ein Silvesterknaller.

»Quak.«

»Wag das noch ein Mal und du bleibst so, du widerliche kleine Kröte!« Celinas Stimme überschlug sich. »Und ich zermatsche dich, das schwöre ich!«

»Keine gute Idee, denke ich.«

»Du und denken! Dir zaubere ich gleich den Mund weg, Bethany!«

»Warum bist du so gemein zu mir?«, jammerte die Todesfee und schrumpfte in sich zusammen. »Ich hab dir doch geholfen.«

»Das war nicht nötig. Diese dämliche Töle kann mir gar nichts, schließlich bin ich eine Meisterin meines Fachs. Jetzt ist sie dran!« Rasend vor Wut hob Celina einen Fuß.

Die Haut des Frosches geriet in Wallung. Ein knurrendes Quaken ertönte, dann zerbarst das Tierchen zu einem gewaltigen Wolf, der sich drohend vor der Hexe aufbaute. »Versuch's und ich fress' dich.«

»Von dem zähen Luder wird dir nur übel«, sagte Victoria, wendete sich angewidert ab und schlenderte weiter den Gang entlang zur Tür.

Neele fuhr herum. »Nicht mehr als von dir, Schluckspecht. Du stehst nämlich auch auf meiner Speisekarte!«

Sich gegenseitig schubsend und knuffend, kamen sie zu einem Saal mit gewaltigen Ausmaßen, an dessen Ende sich ein gigantischer Torbogen befand, der angefüllt war mit waberndem gelbem Licht. Direkt daneben stapelten sich die verschiedensten Gepäckstücke.

Der ehrwürdige Älteste betrat als Letzter den Raum. Noch immer stritten die jungen Frauen miteinander. »Ruhe!«, donnerte seine tiefe Stimme. Das Echo rollte wie eine hawaiianische Monsterwelle durch den Raum. Diesmal verstummten alle sofort und starrten ihn an. »Die Vergangenheit hat gezeigt, dass die Schüler mit den immergleichen Problemen kämpfen, sobald sie die Anderswelt verlassen. Ursächlich ist die gleichartige Unterbringung. Daher beschloss der Hohe Rat, gemischte Gruppen zu bilden. Ihr seid als zueinander passend und gegenseitig ergänzend befunden worden. Vertraget euch also. Es ist so entschieden worden!«

»Och menno, werter Herr Oberguru«, winselte Neele und nahm wieder ganz die menschliche Gestalt an. »In meinem Jahrgang gab's doch so viele Sprücheklopfer, Schluckspechte und Jammerlappen. Warum die? Das geht gar nicht!«

»Ich erbitte mir etwas mehr Respekt, Lykanthrop! ‚Werter Herr Oberguru' ist kaum die richtige Ansprache für ein Mitglied des Hohen Rates. Keine Widerrede mehr. Füget Euch!«

»Sobald ich drüben bin, nehme ich mir ein eigenes Appartement«, seufzte Celina theatralisch und warf sich ihr flammendrotes Haar auf den Rücken. »Mit denen wird das doch nie etwas!«

Der ehrwürdige Älteste maß die Hexe mit strengem Blick. »Du solltest keinesfalls erwägen allein zu leben, Magierin Celina. Gerade deine Art ist der Menschheit am Ähnlichsten und tendiert zu Fehlern. Nur miteinander werdet ihr erfolgreich sein. Daher beziehet ihr zusammen das Haus, welches für euch angemietet wurde.

Der Verwalter erwartet euch bereits. Also, gehet und sputet euch. Es ist spät geworden in der Welt der Menschen.«

»Meinetwegen«, maulte Celina, klatschte in die Hände. Zwei mannshohe Schrankkoffer schrumpften auf die Größe von Damenhandtäschchen und erhoben sich in die Luft. »Wir werden unser Möglichstes tun, damit Ihr Recht behaltet, ehrwürdiger Ältester.« Sie verbeugte sich feierlich und trat dann mit erhobenem Haupt durch das gelbliche Licht des Dimensionsportals. Ein leises Platschen erklang. Die Hexe hatte die Anderswelt verlassen und die der Menschen betreten.

»Unser Gepäck auf'n handliches Maß zu zaubern, wär'n guter Anfang gewesen«, murrte Neele und schnappte sich drei gewaltige Seesäcke. Den ersten warf sie sich auf den Rücken, die anderen klemmte sie sich locker unter die Arme. Dann nickte sie dem Ratsmitglied zu und folgte der Hexe.

Bethany näherte sich nur zögernd dem wabernden Licht, drehte sich noch einmal um und schluckte. Der ehrwürdige Älteste nickte ihr energisch zu. Leise jammernd ruckte sie an ihrem Bollerwagen, knickste und schwebte durch den gelben Schein.

Es war kalt, nass und stockfinster, als Victoria die Menschenwelt betrat. Zunächst unscharf und durchscheinend, verfestigte ihr Körper sich zunehmend und schließlich stand sie mitten in einem Park. Unbarmherzig prasselte der Regen auf sie herab und sofort bildeten sich erste Löckchen in ihrer sonst so glatten Haarpracht. Einige Kringel fielen ihr ins Gesicht. Entsetzt schrie sie auf, sackte auf die Knie und durchwühlte ihren Trolley.

»Aha, offenbar ist Neele nicht der einzige Pudel hier«, spottete jemand.

Victoria zottelte einen Niqab hervor, den sie sich zugelegt hatte, um im Notfall ihre Fangzähne verstecken zu können oder mal ungeschminkt aus dem Haus zu gehen. Mit fliegenden Fingern zerrte sie sich den Gesichtsschleier über den Kopf, sodass nur noch ihre Augen zu sehen waren. Sie glättete die Falten und richtete sich mit einem letzten Rest von Würde auf.

Celina stolzierte auf die Vampirin zu. »Ach, Gnädigste ist auch endlich eingetroffen, ja?«

»Pardon? Ich bin direkt hinter Bethany durchgegangen!«

»Die hat noch länger gebraucht als du.« Celina pfiff ihre Köfferchen herbei. »Ich friere mir hier schon seit Stunden den Hintern ab!«

»Der ist fett genug, macht also nix«, murmelte eine näherkommende Stimme aus dem Hintergrund.

»Wie bitte?«

»Egal. Hat denn keiner bei der Vorbereitung zugehört?« Schnaubend winkte Neele ab. »Vergesst die Frage. Ist eh klar. Also, Bethany: benutz gefälligst deine Füße – hier schweben höchstens Sachen wie Ballons oder Staub. Du bist keins davon. Egal wie hohl und mickrig du bist. Victoria, besorg dir'n Regenschirm. In dieser Welt gibt's so was wie Witterung. Und du Celina, nimm deine Koffer in die Hand! Kannst sie ja so klein lassen, aber Gepäckstücke fliegen hier nicht.«

»Hör auf uns rumzukommandieren!«

»Heul doch!«

Bethany schob die Unterlippe vor und holte tief Luft.

»Spinnst du? Das Gekreische hält doch keiner aus!«, fuhr Celina Neele an und hielt der Todesfee schnell den Mund zu.

»Mesdames, ich bitte euch«, schaltete Victoria sich ein. »Wir sollten uns jetzt endlich um unser neues Domizil kümmern.«

Sie verließen den Park und schon nach kurzer Zeit fanden sie das Haus des Verwalters. Es war groß, vermutlich das größte Haus in der Siedlung, und stand abseits der anderen auf einem ausgedehnten Grundstück. Hinter den zugezogenen Fenstern war alles dunkel und still. Seitlich am Haus führte eine schmale Treppe zur Eingangstür hinauf.

Bethanys knochiger Finger zitterte ordentlich, als sie den Klingelknopf drückte. Hinter ihr stand Celina und rieb sich die Arme, denn inzwischen froren die vier erbärmlich. Da flackerte ein Licht auf. Leise Schritte kamen näher, knarrend öffnete sich die Tür.

Den Frauen stockte der Atem. Vor ihnen stand ein verschlafener halbnackter Kerl. Kaum älter als sie. Blonder Struwwelkopf, muskulöse Brust, ein Bild von einem Mann.

Bethany verrutschte der Unterkiefer.

Verzückt rückte Celina bis zum Türrahmen vor, warf sich ins Hohlkreuz und begrub die kleine Bethany unter ihrem üppigen Busen. »Einen erhabenen guten Abend! Sie sind Herr Silbereisen, der Verwalter?«

»Guten Abend, die Damen. Ich bin sein Sohn, Tom Silbereisen.« Lässig fuhr er sich mit den Fingern durchs Haar.

Victoria entwich ein leises Stöhnen. Sie taumelte rückwärts die Treppe hinunter und hätte die hinter ihr stehende Neele beinahe umgerissen. Der bloße Anblick des Kerls genügte und ihre Augen begannen rot zu lumineszieren.

»Wir haben nicht mehr mit ihnen gerechnet. Mein Vater schläft bereits.«

Bethany krabbelte unter Celinas Busen hervor und tappte zwei Stufen tiefer. Sie stellte sich wie ein Sichtschutz vor Victoria, deren Augen nun wie Cerankochfelder glühten.

»Was soll das heißen? Müssen wir jetzt auf der Straße übernachten, oder was?«, schnauzte es von ganz hinten.

Celina sauste herum. »Neele, das geht auch höflicher!«, schalt sie und wandte sich wieder dem jungen Mann zu. »Bitte entschuldigen Sie das ungebührliche Benehmen meiner zukünftigen Mitbewohnerin.« Ihre Stimme triefte nur so vor Liebenswürdigkeit.

Neele verdrehte die Augen.

»Ich werde Ihnen alles zeigen und die Schlüssel übergeben. Einen Augenblick bitte.« Der junge Mann verschwand. Leise und blitzschnell.

Das weckte Neeles Jagdinstinkt. Sie schubste Victoria beiseite, hüpfte über Bethany hinweg und quetschte sich neben Celina in den Türrahmen. Schnüffelnd hob sie die Nase.

Ganz plötzlich war er wieder da. Und auch wenn er jetzt ein knalliges T-Shirt trug, klappte Bethany bei seinem Anblick wieder der Unterkiefer herunter, während Victorias Augen sich langsam in Rotlichtlampen verwandelten. Neele war fasziniert und überlegte, ob der Kerl wohl genauso schnell war, wenn man ihn quer durch einen dunklen Wald hetzte.

»Wenn die Damen mir bitte folgen würden.« Er drängelte sich durch die Weiberschar, die nicht einen Millimeter beiseite rückte.

»Mit dem allergrößten Vergnügen«, flötete Celina, den Blick fest auf Toms Hinterteil geheftet.

Die Werwölfin leckte sich die Lippen. »Klar!«

»Naturellement«, nuschelte Victoria hinter ihrem Niqab und senkte die Lider.

Bethany schwieg.

Sie gelangten zu einem grünen Holzhäuschen mit ausladender Terrasse und gelben Fensterläden. Tom schloss auf und bat die jungen Frauen hinein. Die Führung begann im Obergeschoss. Während er ihnen alles erklärte, kam ihm Celina ständig so nahe, dass er sie förmlich aus dem Weg schubsen musste. Neele wieselte schnüffelnd hinter ihm her und freute sich jedes Mal tierisch, wenn er sich wegen Victoria erschreckte, die immer ganz plötzlich hinter irgendwelchen Ecken auftauchte. Sie alle interessierten sich offenkundig Null für die gemütlichen Zimmer. Dauernd drängten sie sich gegenseitig aus dem Weg, nur um Tom besonders nah zu sein. Außer Bethany. Die blieb auf Abstand und schien angestrengt über etwas nachzudenken.

Unten jedoch, kurz vor der Küche, zog die Todesfee an den anderen vorbei. Lächelnd ließ sie nur den Blondschopf in den Raum gehen, warf die Tür zu und schloss ab. Mit lautem Geheul erhob sie sich in die Luft.

»Bist du von allen guten Geistern verlassen?«, rief Celina aufgebracht und griff nach dem Schlüssel.

Bethany legte ihr die ausgemergelte Hand um die Finger und hielt sie fest wie ein Schraubstock. »Als Fee gehöre ich zum Geistervolk! Warum nur muss ich das immer wieder erwähnen?« – »Vermutlich, weil es das einzig geistreiche ist, was du vorzuweisen hast«, zischte die Hexe sie an.

»Zut alors!«, fluchte Victoria. »Verschwinde von der Tür oder du bekommst meine Zähne zu spüren, Hungerhaken!«

»Genau das ist ja der Plan, meine Schöne«, grinste Bethany und brach mit einem solch triumphierenden Klagen in sich zusammen, wie es nur eine Todesfee bei übergroßer Freude vermochte. Sie liebte es, wenn sie so richtig losjammern und weinen konnte. Kreischend flog sie wieder auf, wedelte mit den weiten Ärmeln ihres Flatterkleides, strampelte dabei wild in der Luft herum und juchzte jaulend, sodass sämtliches Glas zu klirren begann. »Denn es wird endlich jemand sterrrrrben!« Ihr grauenvolles und doch überglückliches Heulen schwoll zu einem markerschütternden Gebrüll an.

Victoria und Neele pressten sich die Hände auf die Ohren. Celina verzog das Gesicht. Dann stutzte sie plötzlich. »Könntest du für einen Augenblick mal still sein und mir sagen, was du damit meinst?«, schrie sie die umherwirbelnde Gestalt an.

Bethany verstummte. Auf ihrem aschfahlen Gesicht breitete sich ein grausiges Lächeln aus. »Ich habe eine Idee!«

»Hört, hört!«

»Ihr seid doch alle so verdammt scharf auf diesen Menschen. Und da *dachte* ich mir…«

Celina wollte zum Kommentar ansetzen, Neele schnitt ihr jedoch mit einem kurzen Knurren das Wort ab.

»… unser Werwölfchen hetzt ihn bis zur Erschöpfung durch den Wald. Würdest du doch gerne, nicht wahr?«

Neele nickte, ihre Afrolocken rockten.

»Also ich würde ihn ja lieber bis zur Erschöpfung…«

»Merci Celina, das kann sich jeder denken. Doch ich sehe nicht ein, dass nur ihr euer Verlangen stillen dürft.« Victorias rote Augen begannen zu brennen.

»Genau darum ist eine passende Reihenfolge wichtig«, sagte Bethany eifrig und sank langsam zu Boden. »Denn auch ich mag nicht zu kurz kommen.«

»Ich zuerst!«, bellte Neele. »Er muss fit und stark sein.«
»Dann ich. Wenn Victoria ihn erst einmal hatte, ist er tot und bringt mir nichts mehr.«
»Hoffentlich stinkt er danach nicht nach deinem grässlichen Parfüm. Gerade sein natürliches Aroma ist so délicieuse!«
»Und wenn ihr alle mit ihm fertig seid, komme ich und überführe ihn ins Reich der Toten. Das wird ein Spaaaaß!« Jubelnd heulte Bethany auf und hob schrill kreischend vom Boden ab.
Die anderen hielten sich schlagartig die Ohren zu.
Neele fasste sich als erste und warf die Banshee mit einem gezielten Bodycheck zu Boden. »Guter Plan, Jammerlappen. Nur halt endlich die Klappe«, raunte sie ihr ins Ohr.
Celina schürzte die Lippen und dachte angestrengt über die Idee nach. »Dann hat der ehrwürdige Älteste sogar recht gehabt«, schloss sie und kicherte wie eine Geistesgestörte. »Wir ergänzen uns fantastisch!«
»Wer hätte das gedacht, nicht wahr?«
»Stopp ma… ich kann ihn nicht mehr hören.«
»Mon dieu, öffnet sofort die Tür!«
Sie schlossen auf. Kein Tom – dafür aber eine sperrangelweit offene Hintertür.
»So lasset die Spiele beginnen!«, rief Celina begeistert aus. »Los, los, Neele! Worauf wartest du?«
Mit einem Satz schoss die Werwölfin quer durch die Küche und zur Hintertür raus. Dann hörte man das schmatzende Geräusch ihrer Verwandlung zum Wolf und das sich entfernende Trampeln schwerer Pfoten.
Minuten vergingen, ohne dass etwas passierte.
Victoria und Bethany behielten die Hintertür im Auge, während Celina von der Wohnzimmercouch aus die Vordertür bewachte.
Schließlich klopfte es.
Celina öffnete und stand einem schnaufenden, klatschnass geschwitzten Tom gegenüber. Victoria und Bethany hatten es ge-

hört und kamen aus der Küche. Bei seinem Anblick erglühten die Augen der Vampirin. Schnell wandte sie sich ab.

»Ach du liebe Güte, Tom! Was ist denn nur mit dir?«, fragte Celina betont unschuldig.

»Verrammelt alle Fenster und Türen«, keuchte er. »Da draußen ist ein gewaltiger Wolf! Er hat mich durch den ganzen Park gejagt. Ich konnte ihm grad noch so entkommen!«

Bethany runzelte die Stirn. Wie hatte er das nur geschafft?

»Ach du meine Güte! Natürlich werden wir das sofort tun. Komm schnell herein. Ich bringe dich hinauf in mein Zimmer. Da legst du dich am Besten erst mal hin. Du siehst ja völlig fertig aus!« Sie zwinkerte den andern beiden verschwörerisch zu. »Ihr macht alles dicht, ja? Ich kümmere mich inzwischen um unseren Gastgeber.« Celina legte sich Toms Arm um die Schultern und führte ihn Schritt für Schritt die geschwungene Treppe hinauf.

Keine fünf Minuten später, ein spitzer Schrei von oben. Im selben Moment flog unten die Haustür auf und Neele stürzte herein. »Wo ist er? Ich hab ihn grad noch gejagt und plötzlich – war er weg!« Wieder ein Schrei.

Bevor Bethany und Victoria die Treppe erreichten, rannte Neele sie bereits hoch und riss gleich darauf die Tür zu Celinas Zimmer auf.

Sie sahen die Hexe, wie sie stocksteif vor ihrem Bett stand und Tom anstarrte, der darauf lag und sich ebenfalls nicht rührte. Er war vollkommen nackt. Celinas Blick war auf seine Körpermitte gerichtet. »Wie soll man denn mit so etwas Glückseligkeit erfahren?«, flüsterte sie verstört und schaute von Einer zur Anderen.

Victoria schob sich vor, lüftete ihren Schleier. »Sieht aus, als hätten Neele und du Pech gehabt. Pas mon problème. Nun bin ich am Zug.« Sie lächelte finster, schaute dem Kerl direkt in die Augen und ließ ihn ihre blutrote Iris sehen. Tom versteifte sich. Doch umso länger der Blickkontakt dauerte, umso entspannter wurde er und glitt schließlich in eine Trance.

Die Vampirin warf den Kopf in den Nacken und senkte langsam ihre Fangzähne in seine Schlagader. Plötzlich zuckte sie zurück, zischte: »Igittigitt, der schmeckt ja fürschterlisch!«, und stutzte. Seine Lider waren zugefallen. Erschrocken griff sie nach seinem Handgelenk und fühlte Toms Puls. Dann drehte sie sich langsam um und schaute völlig perplex drein.

Bethany kreischte ohrenbetäubend auf. »Ich, ich, ich, iiiiich!« Vor Begeisterung heulend, schwang sie sich hoch in die Luft, schwebte über dem Körper des Mannes und griff in ihn hinein.

Mit einem Mal schrie sie voller Entsetzen auf. Wie von Zauberhand wurde sie an die Wand geschleudert, wo sie kurz unter der Decke hing und dann langsam zu Boden rutschte. Zusammengekauert blieb sie sitzen und starrte fassungslos auf seinen Körper.

Die Blicke der anderen folgten ihrem.

Jede hielt den Atem an.

Die Brust des jungen Mannes leuchtete plötzlich grellweiß auf. Ein Lichtstrahl schoss hervor, der sich rasend schnell ausbreitete. Sein gesamter Körper wurde zu gleißendhellem Licht, das sich wirbelnd erhob und in ein Wesen verwandelte. In einen Engel.

»Habt ihr ernsthaft geglaubt, der Hohe Rat der Anderswelt lässt euch einfach so auf die Menschheit los?« Er lachte grimmig. Bethany, Celina, Victoria und Neele schauten ihn ehrfürchtig an. Alle weißer im Gesicht als Frischkäse. Sie suchten tastend nacheinander und ergriffen sich bei den Händen. »Ihr müsst noch sehr viel lernen, meine Damen. Nur das mit der Teamarbeit scheint ihr inzwischen begriffen zu haben. Doch es wäre mir deutlich lieber, wenn ihr damit etwas Sinnvolleres anstellen würdet. Also benehmt euch gefälligst! Und zwar ab sofort!« Ein gewaltiges Donnern war zu hören, als er sich mit der Faust in die Hand schlug. Passend dazu erbebte der Boden. Die vier Frauen klammerten sich zitternd aneinander. Schmunzelnd fügte er hinzu: »Oder ich verpetze euch bei eurem werten Herrn Oberguru.«

Der perfekte Titel

Mirjam H. Hüberli

Der Zug ist zum Bersten voll. Dicht an dicht eifert die Menge zu den blauen Sitzen, stickige Luft erfüllt die restlichen Lücken des Wagons. Mit Unmengen von Schulmaterial, einer Umhängetasche und einer sperrigen Zeichenmappe, kämpfe ich mich durch die Menschenmenge. Menschen, die alle in eine Richtung drängen.

Ich entscheide mich, die Treppe hoch zu gehen und dort mein Glück zu versuchen. Und siehe da, gleich in der zweiten Reihe ist noch ein Platz frei, welchen ich mir sofort zu Eigen mache. Mit einem Seufzer lasse ich mich niederplumpsen und schließe für einen Augenblick die Augen. Erschöpft und abgekämpft. Dann zerre ich ein dickes Buch aus der Tasche, Kostümkunde, um noch einen möglichst großen Teil für die anstehende Prüfung zu pauken, ehe ich anschließend weiterstressen muss zur Jazztanzstunde. Die Aufführung steht kurz bevor und jede freie Minute ist mit Proben verplant.

Auch die Zeit scheint mit dem steigernden Fahrtempo des Zuges an Geschwindigkeit zuzulegen. Viel zu schnell rauschen die Stationen an mir vorbei und viel zu viele Seiten im Buch liegen noch unberührt vor mir.

Hat die seltsame Stimme der Lautsprecherdame gerade meine Haltestelle durchgegeben?

Ein kurzer Blick durchs Zugfenster, bestätigt mir das eben Vermutete. Das bedeutet Endstation für mich. Schnell packe ich meinen Kram zusammen, hänge gekonnt all meine Bagage um meinen Oberkörper und mache mich zum Aussteigen bereit, stehe auf...

Doch was ist das?

Ein undefinierbarer, stechender Schmerz in meinem rechten Knie bringt mich beinahe zum Fallen, zwingt mich erneut in den Sitz. Kalter Schweiß drückt aus all meinen Poren und ziert glänzend meine Stirn. Doch ich habe keine Zeit mehr, denn das Quietschen verrät mir: Der Zug hält bereits an.

So kämpfe ich mich, humpelnd und mit schmerzverzehrtem Gesichtsausdruck, abermals durch die gewaltige Menschenschar. Diesmal in die entgegengesetzter Richtung, aus dem Zug hinaus, aufs Perron, um hastig hinüber zum Busbahnhof zu flitzen. Ich bilde gezwungenermaßen das lädierte Schlusslicht des ganzen Trosses und bin sichtlich erleichtert, als ich das Ende nahen sehe. Hinter mir hallen bereits die sausenden Schritte der neu eingetroffenen Fahrgäste durch die Unterführung.

»Jetzt muss ich mich nur noch diese Stufen hochkämpfen, dann hab ich es geschafft«, seufze ich und ernte einen skeptischen Blick von einem Geschäftsmann, der mich genervt überholt, weil die Ecke meiner Zeichenmappe unsanft gegen sein Schienbein prallt. Ich will gar nicht wissen, was ihm gerade durch den Kopf geht. Doch aus dem Augenwinkel sehe ich, wie er den Kopf schüttelt und eine Stufe nach der anderen erklimmt.

Noch nie kam mir die Treppe so endlos vor wie heute. Ich hätte genauso gut eine Mauer hochklettern können.

Ich gehe tapfer weiter.

Der Schmerz raubt mir die Luft zum Atmen und das Gepäck tut sein Übriges. Nach wenigen Stufen brauche ich eine Pause. Abermals starte ich einen Anlauf, als mir meine Zeichenmappe aus der Hand rutscht und in hohem Bogen nach unten rauscht. Hart trifft sie auf den Boden auf und ihr ganzes Innenleben verteilt sich in einem großzügigen Umkreis. Die Menschen strömen an mir vorüber, als ob sie mich gar nicht wahrnehmen. Ich balle meine Hände zu Fäusten. Am liebsten möchte ich laut losschreien. Doch so schleppe ich mühsam meinen restlichen Kram wieder die Treppe hinunter und beginne mein zerstreutes Sammelsurium zusammen zu klauben. Dass niemand auf meine Entwürfe drauftritt, grenzt an ein Wunder.

Ich frage mich, ob auch ich so achtlos an Menschen vorbeieile, die eine helfende Hand bräuchten? Jagt mein Blick genauso mit Scheuklappen durchs Leben, blind für meine Mitmenschen? Es ist, als ob man es fühlen kann: Ihr Herz pulsiert vor Hektik.

»Ihr Narren«, beschimpfe ich die vorbeieilenden Passanten. Es nutzt ja doch nichts, sie haben auch noch Ohrenschützer auf. So hänge ich noch ein lauteres »Blindgänger« dran, als sich mir plötzlich eine Hand entgegenstreckt.

Ich blicke auf in neblige Augen, vermutlich einst blau, umrandet von feinen Fältchen. Die Hand, die ich umfasse, ist ledrig und gezeichnet von vergangenen Lebtagen und dennoch strahlt sie eine unvergleichliche und zarte Wärme aus.

»Sind sie gestürzt?«, fragt die Frau. »Geht es Ihnen gut?«

Ich schüttle den Kopf und bringe kein Wort aus meinem Mund.

»Warten Sie, ich helfe Ihnen beim Zusammensammeln«, sagt die Frau, die selber eine schwere Tasche in der Hand hält.

Und ich starre sie einfach nur an.

»Zusammen haben wir das im Nu erledigt.«

Ich schenke ihr ein Lächeln und meine Lebensgeister kehren endlich zurück. »Dankeschön, für Ihre Hilfe, das ist wirklich lieb von Ihnen.«

Sie drückt mir einen Stapel Blätter in die Hand. »Das habe ich doch gern gemacht. Und wenn zwei Hände mehr anfassen, geht das hurtig.«

Sie hat recht, das ging wirklich flott.

Sie wirft einen flüchtigen Blick auf den Entwurf in meinen Händen. Ein langes Ballkleid ist abgebildet. In purpurfarbener Seide, mit feiner Spitze bedeckt, Tüll umrandet den Saum und eine Korsage verleiht dem Kleid eine zauberhafte Ausstrahlung. Ihre Augen bleiben am oberen Rand der Skizze hängen. In meiner Handschrift steht dort gekritzelt:

Aufgabe: Suche einen aussagekräftigen Titel zum Thema »Ballkleid«.

Ein feines Lächeln huscht über das Gesicht der Frau. »Weil wir Mädchen sind.«

Erstaunt schaue ich in ihre Augen und lege dabei meine Stirn in Falten.

Die Frau schmunzelt und tippt mit dem Finger auf das Ballkleid.

»Das ist der perfekte Titel.«

Diese Worte besitzen eine solche Wirkung auf mich, dass ich noch im selben Moment in meine Tasche greife, einen Bleistift zücke und die Worte auf meiner Skizze verewige: Weil wir Mädchen sind.

Wahrlich, der perfekte Titel!

Seenot

Annika Dick

Der Anblick der Möwe im Hafen ließ Chara seufzen. Ihr war gar nicht bewusst gewesen, dass sie den Atem angehalten hatte. Erst jetzt, als die Anspannung von ihr abfiel, konnte sie sich ihre Angst eingestehen. Wie sehr hatte sie gefürchtet, dass doch etwas schief gehen würde. Aber da lag das Schiff ihres Vaters und wartete auf sie, ganz so, wie er es in seinem Brief geschrieben hatte.

Der Brief hatte Chara vor drei Tagen im Haus ihres Onkels und ihrer Tante erreicht. Keinen Tag zu früh. Fast ein Jahr war seit dem Tod ihrer Mutter vergangen und ihrem Vater auf See zu schreiben, war unmöglich gewesen. Erst bei seiner Rückkehr hatte er vom Tod seiner Frau erfahren. Und davon, dass seine Tochter bei Verwandten untergekommen war. Verwandte, die Chara als billige Dienstkraft ansahen und dementsprechend unglücklich über den Brief ihres Vaters waren. Sie hatten sie undankbar genannt, als sie ihre Sachen packte, doch Chara hatte ihnen nicht mehr zugehört. Keine Stunde, nachdem sie den Brief erhalten hatte, war sie auf dem Weg zur Küste gewesen und nun, drei Tage später, lag die Hafenstadt Elea endlich vor ihr.

»Entschuldigung, ich suche Kapitän Alexandros«, rief Chara zu einem der Seeleute an Bord der *Möwe* hinauf. Der Mann musterte sie stirnrunzelnd und verschwand ohne ein weiteres Wort. Chara blickte sich Hilfe suchend um, doch außer den Seeleuten auf der *Möwe* schien sie allein am Hafen zu sein.

»Chara!« Sie kannte diese Stimme! Chara wirbelte sich herum, und sah einen Mann, der sie vom Deck der *Möwe* aus angrinste. Sein Gesicht war braun gebrannt und wettergegerbt, das Haar mehr grau als schwarz, und doch hätte sie ihn überall wieder erkannt. Lachend winkte sie ihrem Vater zu. Dieser drehte sich zu seinen Männern um und rief ihnen zu, sie sollten die Planke herunterlassen, um Chara den Weg aufs Schiff zu ermöglichen.

»Du bist groß geworden«, murmelte er in ihr Haar, als er sie umarmte. Vor einem Jahr hätte sie ihm nicht bis zur Schulter gereicht. Heute befanden sie sich fast auf Augenhöhe. Sie war beinahe eine erwachsene Frau und kein Mädchen mehr. Und das bemerkten auch die Seeleute.

»Kapitän, wir müssen bald wieder in See stechen. Die Kaufleute auf Melite warten bereits auf ihre Lieferung«, sagte einer von ihnen mit einem nervösen Blick auf Chara.

»Natürlich, Stavros. Ich hoffe, alles ist vorbereitet?« Der Seemann nickte und wandte sich von ihnen ab.

»Und du hast alles dabei, was du brauchst? Es wird eine lange Reise.« Chara nickte eifrig und hielt ihren kleinen Beutel hoch, der ihre liebsten Dinge beinhaltete. Es war alles, was sie aus ihrem Elternhaus hatte mitnehmen können.

»Gut, dann zeige dir deinen Schlafplatz.« Noch während er Chara zur Kapitänskabine geleitete, rief er seinen Männern Befehle zu und ließ sie die *Möwe* auf das Meer hinaussteuern. Die Männer warfen sich vielsagende Blicke zu. Einige schüttelten den Kopf, andere schickten Stoßgebete zu Poseidon und Zeus, in der Hoffnung, sie mögen die Freveltat ihres Kapitäns vergeben. Eine Frau an Bord, wie konnte er nur!

Chara entging nicht, dass die Männer ihrer Anwesenheit an Bord mehr als abgeneigt gegenüberstanden. Sie kannte die Geschichten, dass Poseidon besonders Schiffe, die Frauen an Bord hatten, in die Tiefen riss. Doch glauben wollte sie nicht daran. Schließlich hatten auch die Göttinnen ein Wort mitzureden, wenn es um das Schicksal ging. Athene würde sie nicht im Stich lassen und sie einfach an Poseidon opfern.

Tatsächlich vergingen die nächsten Tage wie im Fluge, obwohl Chara auf dem Schiff nicht viel zu tun hatte. Den Unmut der Mannschaft spürte sie deutlich und versuchte, sie dadurch gnädig zu stimmen, dass sie den Kochdienst übernahm. Doch nicht einmal das ließen sie zu. Aber die Aussicht auf das offene Meer, die Fische, die nahe an der Oberfläche schwammen, und die kleinen Inseln, die sie hin und wieder in der Ferne am Horizont entdeckte, vertrieben ihr schnell die Zeit. Von den Seeleuten hielt sie sich so gut sie konnte fern. Nicht, dass es besonders schwer gewesen wäre. Durch ihren eigenen Aberglauben angetrieben, mieden sie die Gegenwart des Mädchens. Doch nichts konnte Charas Zufriedenheit trüben, wenn sie daran dachte, dass sie endlich mit ihrem Vater wieder vereint war.

Die *Möwe* war bereits eine Woche auf dem Meer unterwegs, als dunkle Wolken sich am Horizont bildeten.
»Das ist kein gutes Zeichen, Kapitän.«
Alexandros runzelte die Stirn und sah den Mann zweifelnd an. »Willst du mir sagen, du hast Angst vor ein bisschen Regen, Stavros?«
»Das wird kein einfacher Regen, Kapitän.« Stavros schüttelte den Kopf. Sein Blick fiel auf Chara, die an der Reling das Meer betrachtete. »Wir haben die Götter erzürnt, glauben Sie mir.« Doch Alexandros schüttelte nur seinen Kopf und verwarf das abergläubische Gefasel seines ersten Maats sofort wieder. Nichts in der Welt hätte ihn dazu gebracht, Chara vom Schiff zu schicken. Als er vom Tod seiner Frau erfahren hatte, galt seine einzige Sorge seiner Tochter. Jede Nacht hatte er für ihr Wohlergehen gebetet. Auch wenn die Götter zuweilen grausam waren, sie würden das Geschenk, dass sie ihm mit Chara gemacht hatten, nicht einfach so zurücknehmen.

Erst Stunden später kam es ihm wieder ins Gedächtnis, während der Sturm die *Möwe* herumschaukelte wie ein Spielzeug. Die Wellen schwappten meterhoch über die Reling und Poseidon hatte bereits einen Mann an sich gerissen.
»Die Götter zürnen uns, Kapitän«, hörte Alexandros Stavros' wütende Stimme. »Wir hätten nie eine Frau an Bord nehmen sollen. Jetzt werden wir dafür bestraft!«
Alexandros schüttelte den Kopf und versuchte ebenfalls, gegen den Sturm anzuschreien. »Charas Anwesenheit auf dem Schiff

hat nichts mit dem Sturm zu tun, Stavros. Hör auf, diesen Unsinn zu erzählen!«

»Kein Unsinn, Kapitän! Wir werden alle am Grunde des Meeres enden, wenn wir Poseidon nicht gnädig stimmen.« Alexandros kannte die Antwort bereits und sie erfüllte ihn mit Furcht. Dennoch konnte er nicht anders, als den ersten Maat zu fragen, wie er dies tun wollte.

»Ein Opfer, Kapitän! Wir müssen das opfern, was ihn zornig macht.«

»Nein!«

»Es muss sein, Kapitän.«

»Das war ein Befehl, Stavros! Halte dich von meiner Tochter fern! Und nun geh zurück an deinen Platz, damit hilfst du uns in diesem Sturm mehr als mit Gerede über Opferungen.« Stavros sah seinen Kapitän eindringlich an, doch dann schwankte er zurück an seinen Platz.

Chara bekam von diesen Gesprächen in der Kapitänskabine nichts mit. Verzweifelt suchte sie Halt unter dem Schreibtisch ihres Vaters, als alles, was nicht am Boden oder den Wänden befestigt war, von den Wellen umher geworfen wurde. Jedes Mal, wenn sie glaubte, der Sturm würde sich beruhigen, schlug er mit neuer Kraft zu. Die ganze Nacht und selbst in den Morgenstunden des folgenden Tages ließen ihnen Himmel und Meer keine Ruhe. Aber bei der ewigen Dunkelheit verlor Chara langsam ihr Zeitgefühl.

Auf einmal wurde die Tür zur Kapitänskabine aufgestoßen. Stavros und ein weiterer Seemann, dessen Namen Chara nicht kannte, betraten in das Zimmer und zerrten sie unter dem Tisch hervor.

»Was geht hier vor? Was wollt ihr von mir?« Chara wehrte sich gegen die Griffe der Männer. Sie trat und schrie, aber die Männer zerrten sie an Deck. Der Sturm tobte noch schlimmer, als sie es sich in der relativen Sicherheit der Kabine ausgemalt hatte. Und ihr Vater … Kapitän Alexandros war an den Mast gefesselt. Er suchte ihren Blick und Chara sah die Verzweiflung in den Augen ihres Vaters aufblitzen.

»Poseidon, hörst du uns?« Stavros schrie gegen den Sturm und schüttelte Charas Arm, als könne er dadurch den Meeresgott herbeirufen. »Wir haben dein Opfer hier, nimm es und gewähre uns sichere Überfahrt.«

Chara keuchte entsetzt auf. Wenn die Männer sie ins Meer warfen, würde sie jämmerlich ertrinken.

Ein Krächzen war in der Ferne zu hören, selbst über den tosenden Sturm. Für einen Moment glaubte Chara, ihre Ohren spielten ihr einen Streich. Hatte sie der Schock ihres bevorstehenden Todes schon erreicht? Aber auch einer der beiden Männer, die sie an den Armen packten, hielt in der Bewegung inne und lauschte dem Krächzen. Und ganz langsam lockerte sich sein Griff um ihren Oberarm.

»Was... was ist das? Es klingt so ... So unwirklich schön.« Er wandte sich von Chara ab und suchte taumelnd nach der Quelle des Krächzens.

»Demis, was soll das, komm ...« Stavros brach mitten im Satz ab und folgte dem anderen Mann übers Deck. Sein Gesichtsausdruck wirkte verklärt, so als hätte er Aphrodite aus dem Meer aufsteigen gesehen. Dabei rüttelte und riss der Sturm am Schiff, sodass Chara sich kaum auf den Beinen halten konnte.

Sie tat einen nervösen Schritt zurück, doch keiner der Seeleute schenkte ihr noch einen Blick. Einer nach dem anderen wandte sich dem schrecklichen Gekrächze zu und tat, als sei es der lieblichste Gesang, den er je gehört hatte.

»Chara, beeil dich! Du musst das Schiff ...« Selbst ihr Vater brach mitten im Satz ab, nur um dann mit der gleichen benommenen Stimme zu sprechen wie seine Männer. »... zu ihnen steuern.« Das Krächzen wurde lauter und bald übertönte es den Sturm und die Wellen, die gegen das Schiff schlugen. Chara konnte nur ahnen, wovor ihr Vater sie versucht hatte zu warnen. Aber sicher wollte er nicht, dass sie das Schiff zum Ursprung des schrecklichen

Lärms steuerte. Auch wenn dies seine letzten Worte gewesen waren, bevor er sich in einen verliebten Narren verwandelt hatte.

So schnell sie ihre Füße über die nassen Deckspalnken trugen, schwankte sie zum Steuerrad und warf sich mit aller Macht dagegen, um es auf Kurs zu halten. Leise verfluchte sie sich dafür, nicht mehr Interesse für die Seefahrt gezeigt zu haben. Sie hatte die Geschichten von Sirenen gehört, so wie jeder andere auch. Aber wie weit ihr Gesang reichte, oder wie stark er war, das wusste sie nicht. Sie hatte den Geschichten über Odysseus und Orpheus mit Staunen, aber auch einem Hauch von Unglauben gelauscht. Doch so unglaublich die Geschichten einst geklungen hatten, so entsetzlich wahr schienen sie nun. Was sonst als diese schrecklichen Wesen, könnte eine solche Macht über die Seeleute ausüben? Chara wusste, dass man nicht an den Göttern zweifeln sollte und nun musste sie wohl lernen, dass für die von ihnen geschaffenen Wesen das Gleiche galt. Würden die Männer über Bord gehen, um die krächzenden Wesen zu erreichen? Würden sie sie erneut überwältigen, um das Schiff auf die Klippen zu lenken, auf denen die Sirenen den Geschichten nach auf unbedarfte Seeleute warteten?

»Athene, steh mir bei!« Chara sandte ein Stoßgebet nach dem anderen an ihre Göttin und schließlich an alle Götter des Olymps, darauf hoffend, dass wenigstens einer von ihnen sie erhören möge. Doch das Krächzen der Sirenen wurde nur noch lauter und Chara kämpfte verzweifelt gegen den Sturm und den Lärm an. Doch ihre Arme wurden schwer und sie fürchtete, dass sie das Steuerrad nicht mehr lange halten konnte.

»Da... ich sehe sie!«

»Sie sind wunderschön!«

»Ich will zu ihnen!«

Die tief hängenden Sturmwolken und der peitschende Regen verschleierten Charas Sicht auf die Sirenen. Sie sah nichts außer Wellen und Dunkelheit. Aber sie hörte sie. Wütend war ihr Krächzen, als wüssten sie, dass die *Möwe* ihnen nicht willenlos entgegensteuerte, sondern es wagte, vor ihnen zu fliehen.

Donner grollte und Chara zuckte unweigerlich zusammen, als Blitze neben ihnen ins Meer einschlugen. Das nasse Kleid klebte an ihrem Körper und der kalte Wind biss ungnädig. Sie konnte ihre Finger kaum spüren und das Steuerrad auf Kurs zu halten, wurde von Sekunde zu Sekunde schwieriger. Immer wieder musste sie den salzigen Geschmack des Meerwassers ertragen, das der Sturm ihr ins Gesicht wehte. Chara schwand der Mut. Allerdings hatte sie hier draußen nicht die Gelegenheit, sich ihrer Angst hinzugeben. Wenn sie versagte, wenn sie aufgab, waren sie alle verloren. Dann hätten die Männer recht behalten. Dann wäre es ein Fehler gewesen, sie mit an Bord zu nehmen. Also biss Chara sich auf die Unterlippe und umklammerte das Steuerrad noch stärker. Später könnte sie sich ausruhen, wenn sie es aus dem Sturm geschafft hatten, wenn sie das Gekrächze nicht mehr hörte.

Entsetzt musste Chara sehen, wie einige der Männer sich gegenseitig Seile um den Bauch banden und auf die Reling kletterten. So gesichert, umklammerten sie das Holz und waren kurz davor, ins tosende Meer zu springen, um zu den vermeintlichen Schönheiten hinüber zu schwimmen.

»Bitte nicht«, murmelte Chara. Sie konnte nicht genau sagen, ob es ihr Wunschdenken war, oder ob das Krächzen der Sirenen tatsächlich leiser wurde. Aber als sie noch einmal zu den Seeleuten hinübersah, schüttelten die ersten von ihnen verwirrt die Köpfe. Im nächsten Moment kletterten die nächsten auf sichtlich schwachen Beinen zurück an Bord und schrien ihren Kameraden zu, sie sollen aufwachen.

Chara atmete erleichtert auf, doch noch wagte sie nicht, das Steuerrad zu verlassen, auch wenn jede Faser ihres Körpers danach schrie. Ihr Körper zitterte vor Anspannung und Chara wollte nicht über die Schmerzen nachdenken, die ihr am nächsten Tag bevorstünden. Wenn es sein musste, würde sie den Kurs halten, bis auch der letzte Seemann nicht mehr nach den Sirenen

Ausschau hielt.

Erst, als ihr Vater von seinen Fesseln befreit wurde und zu ihr ans Steuerrad trat, gab sie ihren Gefühlen nach. Das Gekrächzte war verklungen und auch der Sturm ebbte ab. Chara dankte Athene im Stillen, fest davon überzeugt, dass ihre Göttin die ganze Zeit über sie gewacht hatte.

Alexandros legte seinen Arm um Charas Schultern, als er die Tränen in ihren Augen sah.

»Ich hatte solche Angst«, gestand Chara und verbarg den Kopf im Hemd ihres Vaters.

»Du warst so mutig, meine Kleine. Du hast uns allen das Leben gerettet.« Alexandros hielt seine weinende Tochter im Arm, bis sich hinter ihm jemand räusperte. Chara sah sich der versammelten Mannschaft gegenüber, allen voran Stavros, der sich verlegen durchs Haar strich.

»Es ... Es tut uns leid. Wir hatten unrecht, Kapitän. Und auch bei dir müssen wir uns entschuldigen«, sagte er und sah Chara an. »Ganz besonders bei dir, wie es scheint. Ohne dich wären wir alle tot. Wir wären den Sirenen blindlings gefolgt und hätten das Schiff gegen ihre Klippen gesteuert. Wir ... wir hoffen, du kannst uns vergeben?« Chara nickte und wischte sich die Tränen aus dem Gesicht. Sie verstand die Furcht um ihr Leben, die den Seeleuten erst jetzt im Nachhinein bewusst wurde. Sie selbst hatte noch nie solche Angst gehabt wie zu dem Zeitpunkt, als ihr aller Leben von ihr abhing. Hinter Stavros räusperte sich ein junger Mann, der kaum älter war als Chara selbst. Sie erinnerte sich daran, dass er der andere gewesen war, er sie an Deck geschleppt hatte. Demis, so hatte Stavros ihn genannt.

»Wir dachten ... Also, natürlich nur vielleicht ... Aber es wäre möglicherweise ganz nützlich ... Also ... Vielleicht sollten wir dir beibringen, was es an Bord eines Schiffes alles zu tun gibt. Jetzt, wo du hierbleibst?« Chara sah von Demis zu ihrem Vater. Dieser drückte ihre Schulter und überließ ihr die Entscheidung. Doch für Chara gab es nichts zu überlegen. Zu ihren Verwandten auf dem Festland wollte sie auf keinen Fall zurück. Und das Vertrauen der Mannschaft hatte sie sich mehr als verdient.

»Ich muss ja bleiben.« Da lachte Chara leise und blickte in die verlegenen Gesichter der Seeleute. »Ihr habt alle eindrucksvoll bewiesen, wie leicht ihr euch in Schwierigkeiten begebt. Es scheint wohl meine Aufgabe zu sein, euch zu retten.«

Chara konnte nur hoffen, dass Athene ihr weiterhin gewogen sein würde.

Weil ich eine Sirene bin!

Malena Just

Melodia lag auf einem rauen Felsen und wartete. Die wärmenden Strahlen der Mittagssonne erhitzten die graugrünen Schuppen ihrer Schwanzflosse und sie merkte, sie musste bald wieder ins Wasser, damit sie nicht austrocknete. Sie hatte noch nichts erbeutet, deshalb wartete sie ungeduldig auf das nächste vorbeifahrende Fischerboot. Doch der Stein, auf den sie sich gelegt hatte, brannte wie Feuer und sie erwog es, die Mahlzeit für heute ausfallen zu lassen. Die letzten Tropfen auf ihrer Schwanzflosse verdampften und ihre Flosse begann, unangenehm zu ziehen. Als sie einen letzten, verzweifelten Blick auf die Weiten des tiefblauen Ozeans warf, keimte jedoch Hoffnung in ihr auf. Ein winziges Fischerboot ließ sich in der Ferne ausmachen und der Kurs des Bootes führte direkt an ihr vorbei. Freudig ließ sie sich ins Wasser gleiten, tauchte unter und schwamm mit schnellen Zügen in Richtung Fischkutter. Der Jagdinstinkt hatte Melodia gepackt.

Sie schlängelte sich zwischen der Wasseroberfläche und dem sandigen Grund entlang und auf den Kutter zu. Seine Unterseite war über und über mit Algen bedeckt. Angeekelt dachte sie an die wenigen Vegetarier ihrer Rasse, die sich gegen ihre Natur als Sirene auflehnten, sich nur von Pflanzlichem ernährten und jegliche Arten von menschlicher Nahrung vehement ablehnten. Sie käme nie auf solche Ideen, allein deshalb nicht, weil sie Algen und alternatives Grünzeug verabscheute. Auch wenn sie manchmal, nachdem sie wieder Blut getrunken hatte, Schuldgefühle bekam.

Es kam einzig und allein auf das richtige Timing an. Melodia entfernte sich wieder vom Boot und tauchte dann schräg vor ihm auf. Etwa zwanzig Meter von ihr entfernt glitt es mit mittelmäßigem Tempo über die flachen Wellen; der Mann an Bord blickte fröhlich in die Ferne.

Jetzt kam ihr Auftritt.

Adrenalin schoss durch ihren Körper, als sie begann, "Walking On Sunshine" zu singen, und das drei Oktaven höher, als "Katrina And The Waves" es im Original getan hatten. Der Bootsführer, ein junger Mann mit blondem Haar, bemerkte sie und warf ihr einen freundlichen Blick zu.

Den hab ich, dachte Melodia. Gleich würde sein Kutter sie erreicht haben und er würde anhalten, mit ihr reden wollen, wissen wollen, was sie hier tat. Dann wäre es für ihn zu spät. Sie würde ihn ins Wasser, in die Tiefe ziehen und ihn aussaugen. Endlich wäre ihr Durst nach Blut gestillt, sie würde wieder bei Kräften sein und ihre Qualen hätten ein Ende.

Aber er hielt nicht an. Der Bootsführer hob bloß den Arm und winkte Melodia zu. Das Boot verlor nicht an Geschwindigkeit, sondern zischte an ihr vorbei. Die Bugwelle traf sie im Gesicht und verdeckte für eine Weile ihren enttäuschten Gesichtsausdruck.

Das kalte Wasser ließ sie frösteln. Zugleich stieg Wut in ihr auf: jedoch nicht auf den Menschen, sondern auf sich selbst, weil sie es wieder nicht geschafft hatte. Was zur Hölle sollte sie jetzt tun? Einen Augenblick schwamm sie auf der Stelle, unentschlossen, ob sie ihm folgen sollte. Doch dann war es zu spät, das Boot war zu weit weg. Sie resignierte und machte sich auf in die Tiefen ihres Heimatmeeres. In Gedanken sah sie schon das hungrige und wütende Gesicht ihres Freundes Marius vor sich. Nutzlos fühlte Melodia sich, unbeholfen und naiv. Wie hatte sie glauben können, letztes Jahr wäre bloß eine Pechsträhne gewesen? Es wurde schlimmer, immer öfter blieben ihre Adern leer.

Ihre Jagdstrategien funktionierten nicht mehr und wenn sie in den nächsten Jahren nicht verhungern oder Vegetarierin werden wollte, musste sie sich besser anpassen. Der Hauptgrund, warum kaum noch Fischer anhielten, war ihr schlechter Gesang. Sie war nicht die beste Sängerin, dass hatte sie immer gewusst und das konnte sie nicht ändern. Melodia hatte einfach kein Talent, fast genauso wenig wie die Sirenenmänner. Die waren darum auf die Hilfe der weiblichen Sirenen innerhalb der Familie angewiesen, doch in den letzten Jahren wurde ihre Ausbeute immer magerer. Melodia überlegte angestrengt, bis ihr auffiel, dass sie seit Jahren dasselbe Lied sang. *Ein aktuelleres Lied könne den Menschen vielleicht besser gefallen*, überlegte sie.

Mittlerweile war sie in ihrer Heimatstadt angelangt; sie schwamm direkt über dem Meeresgrund. Links und rechts von ihr ragten die bunten Korallen auf, in denen die Sirenen lebten. Hoch über ihr war die Wasseroberfläche, auf der sich das Sonnenlicht brach, und nur einzelne Strahlen drangen bis zum Grund vor. Dennoch konnte Melodia die verschiedenen Formen und Farben der Korallen erkennen, weil das Meer heute ruhig dalag und kaum Sand aufwirbelte. Sie tauchte unter einer rosa Koralle hinweg, die an der Riffkante wuchs. Nach ein paar Verzweigungen fand sie den kleinen Hohlraum, den sie seit ein paar Monaten mit ihrem Freund Marius bewohnte. Sie wusste, was jetzt folgen würde. Mit gesenktem Kopf schwamm sie hinein.

Ihr Freund wartete schon ungeduldig auf sie. »Wo ist mein Essen?«, brauste Marius auf.

Melodia schwieg und sah auf den sandigen Boden. Zwei kleine Fische schwammen um ihre Schwanzflosse herum und kitzelten sie, sodass sie kichern musste.

»Was gibt es da zu lachen? Wie lange ist es her, dass du einen Menschen mitgebracht hast? Drei Tage? Vier?«, seine Stimme machte ihr Angst. Sie unterdrückte ein Zittern, welches sie verraten könnte. Jetzt kam er aus dem Dunkeln auf sie zu. Seine algengrünen Augen funkelten sie wütend an. »Wenn du morgen niemanden mitbringst, werden wir zur Almosentafel gehen müssen, ist dir das klar? Oder du steigst auf Pflanzliches um, willst du das?«

Melodia schüttelte den Kopf. »Natürlich nicht. Aber was soll ich denn tun? Ich singe so gut ich kann. Mehr als mein Bestes geben, kann ich nicht! Du machst ja auch nie was!« Schon beim Aussprechen des letzten Satzes überlegte sie, ob sie nicht zu weit gegangen war. Keine Sirene hatte das Recht, unhöflich zu den

Männern zu sein oder sie gar zu beschuldigen. Doch Melodia war es leid, immer dieser traditionellen Rangordnung zu folgen. Sie, die Frauen, waren es doch, die die Männer ernährten, trotzdem galt in ihrer Welt das Recht des Stärkeren. Und das waren nun mal die Sirenenmänner.

»Wie bitte?«, fragte Marius. Melodia dachte jedoch nicht daran, ihre Worte zurückzunehmen.

»Das hast du schon richtig verstanden. Du könntest auch mal was tun! Zum Beispiel singen lernen. Wir haben beide kein Talent! Trotzdem habe ich es bis jetzt immer geschafft, uns beide zu versorgen. Deshalb müsstest du das doch auch können.« Zwar wusste sie, dass die Stimmen der Sirenenmänner die Menschen eher vertrieben, als dass sie sie anlockten, doch sie war fest davon überzeugt, dass Marius einfach zu faul war.

Sein Gesicht verzerrte sich zu einer hässlichen Fratze und er befahl: »Morgen Früh gehst du jagen. Und du kommst mit Beute zurück.« Damit war das Gespräch beendet.

Am nächsten Morgen, als der erste Sonnenstrahl durch das Korallendach fiel, machte sich Melodia auf den Weg, um jagen zu gehen. Die armen Leute, die sie heute erwischen würde, taten ihr leid. Aber es musste sein. Sie hätte Marius nur zu gerne getrotzt und nicht getan, was er wollte, aber sie hatte mörderischen Hunger. Ihr Magen knurrte laut, ihre Adern dürsteten nach Menschenblut und sie beschleunigte ihre Flossenschläge, damit sie rechtzeitig ihren Aussichtsfelsen besetzen konnte.

Am Felsen angekommen, steckte sie den Kopf aus dem Wasser und sie konnte ihr Glück kaum fassen: Nicht weit entfernt von ihr fuhr gerade ein Fischerboot an der Küste entlang. *Heute wird mein Tag*, dachte sie voll neuer Hoffnung und rutschte sofort wieder ins Wasser. Ihr schlanker Körper schnitt durch die dunkelblauen Wellen und sie steuerte direkt auf das Boot zu. Kein Netz war ausgeworfen, in dem sie sich hätte verfangen können, darum schwamm sie dem Kutter voraus und streckte den Kopf aus dem Wasser und begann, ihr Lied zu trällern. Dieses Mal waren sogar zwei Fischer an Bord und entdeckten sie sofort. Zufrieden schwamm sie ihnen entgegen und sang ein neues Lied: "Monday Morning" von Melanie Fiona. »*Have you heard the news today, I'm leaving town, I'm cashing out*...«, begann sie.

Das Boot war nun ein paar Meter von ihr entfernt und sie spielte mit dem Gedanken, beide auf einmal in die Tiefen zu reißen. Aufgeregt sang sie den Refrain, so laut sie nur konnte.

Melodia sah die beiden jungen Männer lächeln – wurde das Boot langsamer? Doch da spürte sie etwas Warmes an ihrer Flosse. Erschrocken keuchte sie auf. Zwei heiße Hände packten fest ihren Fischschwanz und zogen sie in die Tiefe, direkt an der so dringend benötigten Nahrung vorbei, weg von dem rettenden Blut.

Wer auch immer das war, er hatte sie nicht mehr alle! Wütend versuchte Melodia sich zu befreien, doch derjenige, der ihr soeben den Erfolg zunichte gemacht hatte, war um ein Vielfaches stärker als sie. Sehnsüchtig sah sie die grüne Unterseite des Fischkutters über sich hinweg gleiten. Sie hatte ihre Chance wieder einmal verpasst.

Immer weiter wurde sie von dem Unbekannten in die Tiefen des Meeres gerissen, immer schneller und schneller wurde sie hinter ihm oder ihr hergezogen. Melodia zitterte. Sie war geschwächt, sie hatte tagelang nichts mehr gegessen, sie hatte nicht die Kraft sich zu wehren. Sie wusste nicht, was man von ihr wollte, aber das machte ihr auch nicht mehr Angst, als die Gewissheit, bald dem Hungertod gegenüber zu treten. Ebenso wie Marius. Das war ihre letzte, echte Chance gewesen.

Ergeben schloss sie die Augen und spürte nun nur noch die Bewegungen des kühlen Wassers und diese Hände, die sich an ihr festgekrallt hatten. Nach einer halben Ewigkeit spürte sie, wie sie langsamer wurden und berührte mit der Körperunterseite den sandigen Untergrund des Meeres, spürte ihn auf ihrer Haut und ihren Schuppen. Dann hörte er abrupt auf, sie fortzuschleifen. Melodia lag still im Sand und wartete ab.

»Du brauchst keine Angst zu haben. Schließlich bist du die Mörderin und nicht das Opfer.« Die Stimme war hell und musste zu einem jungen Mann gehören. Der anschuldigende Tonfall gefiel ihr gar nicht, denn sie tat ihrer Meinung nach nur das, was sie tun musste, um zu überleben.

»Keine Sorge, ich habe noch nie jemanden umgebracht oder verletzt, ganz im Gegensatz zu so manch anderem unserer Art.«

Wütend schlug Melodia die Augen auf. »Warum sollte ich Angst vor dir haben?«, fragte sie energisch nach. »Ich bin nur schwach, weil ich am Verhungern bin. Und du hast mich auch beim Jagen gestört. Was fällt dir ein?« Sie musterte den Sirenenmann. Er war muskulös gebaut, hatte ein ebenmäßiges Gesicht und dunkelbraune, fast schwarze Augen. Seine Schwanzflosse war feuerrot und schien geradezu in Flammen zu stehen.

»Und außerdem«, redete sie sich in Rage, »bist du ein Sirenenmann und *kannst* niemanden aussaugen, weil du keine Reißzähne hast. Darum ist der Vergleich nicht fair. Nicht mal halbwegs!«

Der Unbekannte beugte sich zu ihr hinunter. »Das ist richtig. Aber ich habe auch nie für mich töten lassen.«

Das verschlug Melodia die Sprache. Für einen Moment konnte sie nicht verhindern, dass ihre Gesichtszüge ihre Überraschung zeigten. Dann fing sie sich jedoch wieder, und sagte, als ob nichts gewesen wäre: »Was willst du?«

»Immer dasselbe. Ich rette Leben. Mein Name ist übrigens Eric.« Eric reichte ihr die Hand, um ihr aufzuhelfen, und sie ergriff sie widerwillig.

»Melodia.« Sie zögerte kurz. »Du machst das also öfter?«

»Fast jeden Tag. Ich lebe mit anderen, die so denken wie ich, in einem kleinen Dorf. Wir wohnen nicht in Korallen wie die meisten von uns, sondern in Höhlen, falls es dich interessiert.«

»Ich habe schon von euch gehört: Ihr seid die, die sich immer nur von Algen ernähren.«

»Nein, nicht Algen.« Erik schüttelte den Kopf. »Wir essen Blätter von gezüchteten Kreuzungen verschiedener Pflanzen.«

»Oh ... ich mag Algen auch nicht. Die haben so einen bitteren Nachgeschmack.«

Er lachte auf und seine Fröhlichkeit steckte sie an. Forschend sah er sie an. »Hmm ... komm mal mit!« Er nahm sie an die Hand. Melodia spürte seine warme Haut und ließ sich diesmal freiwillig mitziehen. Seine freundliche, optimistische Art beruhigte sie und weckte ihre Neugierde. Was wollte er ihr zeigen?

Er führte sie zu einer grünen Wiese mit kleinen, verzweigten Gewächsen, deren froschgrüne Blätter vom Wasser hin- und hergewogt wurden. Eric riss von einer Pflanze ein Blatt ab und reichte es ihr. »Probier mal. Wir nennen es Mondsalat«, forderte er sie auf.

Langsam führte Melodia es an ihren Mund und biss dann ein kleines Stück ab. Kauend stellte sie fest, dass ihr der süßsaure Geschmack gefiel. Viel besser als jeder Liter Blut, den sie bisher getrunken hatte.

Eric hatte es in ihrem Gesicht gelesen und reichte ihr eine andere Pflanzenart, die neben dem Mondsalat gepflanzt worden war. Sie war dunkelgrün und hatte dicke Blätter, die starr und unbeweglich der Strömung trotzten.

Von dem Geschmack des Mondsalats positiv überrascht, aß sie auch diesmal, was Eric ihr anbot. Diese Blätter schmeckten nicht ganz so süß und waren schwerer zu kauen, aber sie waren trotzdem besser als das Blut, das so salzig schmeckte und ihr beim Trinken immer die Klamotten ruinierte. So ging es den ganzen Tag weiter; er zeigte ihr die verschiedensten Pflanzen, Seekräuter und Wurzeln und allmählich begann Melodia, die Vielfalt zu gefallen.

Als die letzten Sonnenstrahlen verschwanden, schaute Eric sie vielsagend an. »Ist diese Lebensart nicht viel schöner als dieses ständige Morden und das Dürsten nach Blut?«

»Ja, und es ist sehr praktisch, dass vegetarisches Essen einem nicht wegschwimmt«, kicherte Melodia.

»Willst du nicht versuchen, so zu leben? Vegetarisch?«

Unentschlossen dachte sie an Marius. Er wollte nicht so leben, da war sie sich sicher. Sie schaute verlegen zu Boden und schlug verzweifelt mit ihrer Schwanzflosse. »Sorry, aber ich habe einen Freund, für den ich sorgen muss. Du weißt schon - ich muss ihn mit durchfüttern. Und wenn ich nicht mehr jagen würde, wäre er sehr wütend auf mich.«

»Dazu hat er kein Recht. Wir leben in einem freien Weltmeer. Du hast als Sirene die Freiheit zu entscheiden, welchen Weg du nimmst.« Er klang sehr überzeugend, aber sie hatte noch Zweifel.

»Ja, aber meine Entscheidung ist auch von meinem Freund abhängig. Das kann ich nicht alleine beschließen«, beklagte sie sich.

»Doch. Dein Freund ist von dir abhängig. Er muss sich nach dir richten. Er kann nicht jagen, weil er keine wunderschöne Stimme hat, die die Menschen fesselt. Er kann entweder Vegetarier werden oder hoffen, dass eine Sirene ihm hilft. Wirklich frei ist er aber nur bei der ersten Möglichkeit.« Seine feste Überzeugung verschlug ihr die Sprache. Es kam von Herzen, das merkte sie ihm deutlich an. Und Melodia spürte, dass er recht hatte.

»Wenn du möchtest, komme ich mit, wenn du es deinem Freund erklärst und helfe dir.«

Da traf Melodia ihre Entscheidung. »Nein. Ich will ihn nicht wiedersehen. Ich denke ... ich denke, ich bin ohne ihn besser dran.«

Ein strahlendes Lächeln war Erics Antwort. Seine dunklen Augen glänzten und zeigten den Ausdruck ehrlicher Freude. Sie konnte nicht anders, sie lächelte zurück. Tief in ihrem Innern hatte Melodia gespürt, dass das der richtige Weg sein würde. Sie würde keine Mörderin mehr sein, von ihrem schrecklichen Freund wegkommen und irgendwie ahnte sie auch, dass sie in Eric einen Freund gefunden hatte, der ihr helfen würde, sich in ihrem neuen Leben zurecht zu finden.

Die Löwin in mir

Dörte Müller

Viel zu früh wurde ich geweckt. Eine zierliche, weiße Hand rüttelte mich wach. Rote Fingernägel glänzten in der Morgensonne, die durch die zugezogenen Gardinen hereinschien. Wo war ich? Was war geschehen? Mein Herz begann zu rasen und meine Gedanken liefen Amok.

»Toll, du bist ja schon angezogen! Es tut mir leid, aber ich muss dich jetzt wecken. Die Kinder schlafen noch«, sagte eine Frau mit schulterlangen schwarzen Haaren und einem auffällig knallrot geschminkten Mund. Ich wusste immer noch nicht, was los war. Wer war diese Frau? Eine Krankenschwester in einer Nervenheilanstalt? Ich begann zu schwitzen. Die fremde Frau musste wohl bemerkt haben, dass ich verwirrt war.

»Ich bin's Pat. Deine Gastmutter. Du bist in Chicago!«, half sie mir auf die Sprünge. Erleichtert sah ich an mir herunter, ob auch wirklich kein Tropf an mir hing. Nein. Gott sei Dank. Allmählich fiel mir alles wieder ein: Ich war gestern nach Chicago geflogen und heute war mein erster Arbeitstag als Au–pair!

Pat zeigte mir schnell die Küche und war dann mit einem »Bye! Have a nice day!«, augenblicklich aus der Tür verschwunden. Ich wollte meine Eltern anrufen und kurz durchmelden, dass ich gut angekommen war. Besonders meine Oma hatte auf einer schnellen Rückmeldung bestanden, da sie drei Tage vor meiner Abreise geträumt hatte, dass Terroristen mit meinem Flugzeug in den Sears Tower gecrasht wären. »Ach Oma, du guckst zu viel Nachrichten!«, hatte ich sie lachend ausgeschimpft, doch etwas mulmig war mir schon zu Mute, denn Oma hatte auch den Unfall von Prinzessin Diana 1997 vorausgeträumt. Allerdings hatte sie geträumt, dass Diana von der Queen vergiftet wurde. In ihrem Traum waren weder ein Pariser Tunnel noch Paparazzi aufgetaucht.

Leider konnte ich nirgends ein Telefon entdecken. Na ja, die

Kinder würden es mir nachher sicher zeigen.

Völlig übermüdet setzte ich mich an den Küchentisch und schüttete mir Cornflakes in eine übergroße Schüssel. Alles war irgendwie größer als in Deutschland. Der Kühlschrank, die Cornflakespackung, die Teller, selbst die Löffel.

Ich fühlte mich wie Alice im Wunderland und wäre nicht überrascht gewesen, wenn plötzlich ein langohriges Kaninchen aus dem Mülleimer gesprungen wäre und mich in einen Raum voller Spiegel geführt hätte.

Brian, mein Gastvater, war anscheinend auch aus dem Haus – es war herrlich still. Die Kinder schliefen noch tief und fest. Schließlich waren sie gestern sehr lange auf gewesen, weil sie mich mit vom Flughafen abgeholt hatten.

Vor mir auf dem Küchentisch lag mein heutiger Arbeitsplan – detailliert mit Uhrzeit festgelegt, wann ich wo zu spielen hatte. Pat hatte eine sehr verschnörkelte Handschrift. Das war mir an den Briefen schon aufgefallen. Ihre Schrift konnte man teilweise kaum lesen.

Ich betrachtete die Fotos an der Wand. Aufgenommen von professionellen Fotografen in einem Fotostudio: Brook und Breanne als Babys auf einem Lammfell, Brook und Breanne unter einem über und über geschmückten Weihnachtsbaum, Brook und Breanne mit Brian und Pat auf einem Ledersofa, Brook und Breanne in Disney World mit einer großen Micky Maus, Brook und Breanne mit Taucherbrillen im türkisen Wasser. Das perfekte Familienleben.

Plötzlich entdeckte ich das Telefon, das neben einem Familienportrait im Goldrahmen auf einem kleinen Abstelltisch vor einer tropischen Pflanze stand. Schnell tippte ich die Nummer für ein R-Gespräch ein und wenige Sekunden später hörte ich die Stimme meiner Oma ganz dicht an meinem Ohr. Ich fing an zu heulen und bekam kaum ein Wort heraus. Meine Oma weinte ebenfalls. Aber vor Glück. »Ich habe schon die Nachrichten auf CNN gesehen – es war von keinem Flugzeugabsturz die Rede und auch nicht von Terroristen!«, brachte sie mühsam hervor. Meine Mutter riss ihr energisch den Hörer aus der Hand. »Sarah, ist alles gut? Bist du gut angekommen? Ist die Familie nett?«, fragte sie in ihrer hektischen Art. Das waren eindeutig zu viele Fragen am frühen Morgen. Ich hatte einen dicken Kloß im Hals und spürte, wie sich mein Magen umdrehte. Heimweh. So fühlte sich das also an. Dabei war ich so sicher gewesen, dass ich niemals Heimweh bekommen würde. So konnte man sich täuschen.

Plötzlich hörte ich kleine Schritte, die die lange Treppe heruntertapsten. Brook war aufgewacht. »Ich muss jetzt Schluss machen! Melde mich später noch mal!«, sagte ich schnell und legte auf. Mein Arbeitstag hatte begonnen.

»Ich will Julia zurück!«, maulte Brook. »Ich mag dich nicht! Du siehst aus wie ein hässlicher Mann!«

Was für eine tolle Begrüßung! Aber Brook war ein kleines Mädchen und hatte sich jetzt ein Jahr an Julia gewöhnt. Klar, dass sie sie vermisste.

Ich versuchte, die Kritik nicht so schwer zu nehmen und sagte mit gespielter Heiterkeit: »Was möchtest du zum Frühstück?«

»Ich will nicht frühstücken. Ich will aber fernsehen!«, antwortete Brook mit finsterer Mine. Ich schielte auf meinen Arbeitsplan. ‚No TV' stand in großen Buchstaben mehrfach darauf. Das war schließlich eine gute Einstellung - Kinder sollten nicht so viel fernsehen, da hatte Pat ganz recht. Ich fragte mich bloß, wann die Kinder die 100 DVDs guckten, die fein säuberlich im Regal neben dem Fernseher standen.

»Du darfst kein Fernsehen gucken«, sagte ich streng. »Deine Mutter hat es auf den Zettel geschrieben.«

»Wo ist der Zettel?«, fragte Brook wie ein Oberboss. Bereitwillig zeigte ich ihn ihr.

»Da steht No TV. Aber DVD darf ich!«, folgerte sie clever und sah mich abschätzend an.

»Super! Du kannst ja schon lesen!«, lobte ich sie. »Dann lies doch ein Buch!«

Von oben hörten wir einen Schrei. »I want my milk!«
Schnell lief ich in die Küche und mixte die Babymilch an. Pat hatte mir alles hingestellt. Ich füllte abgekochtes Wasser in einen Messbecher und gab vier Löffel Similac dazu. Von oben klang es immer fordernder: »I want my milk! I want my milk!«

Ich schwitzte und mir fiel auf, dass meine Klamotten anfingen, unangenehm zu riechen. Ich hörte, dass Brook sich inzwischen eine DVD angemacht hatte. Sie guckte "König der Löwen" und ich ließ sie erst mal gewähren. Breanne schrie inzwischen wie am Spieß: »I want my milk!« Ich kam mir vor wie in einem Psychothriller, in dem ein Kindermädchen von Monsterkids tyrannisiert und anschließend gefoltert wurde. Schnell lief ich die Treppe hoch, stolperte und stürzte auf mein Knie. Ich rappelte mich wieder auf und eilte immer dem Schrei nach. Wenige Sekunden später hatte ich Breannes Kinderzimmer gefunden. Sie stand aufrecht in ihrem Gitterbett und hatte vor lauter Schreien einen hochroten Kopf. Gierig riss sie mir die Flasche aus der Hand und stürzte die Milch hinunter. »More! I want more!«, rief sie schließlich.

Mutig hob ich sie aus dem Bettchen und trug sie in die Küche. Meine Hände zitterten. Hoffentlich tat sie mir nichts. Ich dachte mit Schrecken an eine Szene aus einem beliebten Monty Python Film, in der ein süßes Kaninchen sich in der Kehle eines Menschen festbeißt. Plötzlich konnte ich mir das Gleiche ebenso mit diesem Kleinkind vorstellen.

Doch komischerweise wirkte das Herumtragen irgendwie beruhigend auf Breanne. Sie biss mir nicht die Kehle durch und verwandelte sich fast wieder in ein süßes Mädchen. Dann hörte sie, dass ihre Schwester den Fernseher angestellt hatte und wollte natürlich auch ins Wohnzimmer.

Fast erleichtert, dass sie endlich mit dem Schreien aufgehört hatte, setzte ich sie aufs Sofa. Was war so verkehrt am König der Löwen? Ich kuschelte mich neben die Mädchen und beruhigte mich zu den Klängen von »*Can you feel the love tonight...!*« So hatte ich mir alles vorgestellt. Die Mädchen starrten wie hypnotisiert auf den riesigen Bildschirm. Die Disney-Figuren kamen mir unglaublich groß vor und bald war auch ich voll in ihrem Bann. Aller Kummer war vergessen.

Inzwischen war es acht Uhr. Noch eine Stunde, dann musste ich Brook fertig haben. Ich war mir wieder sicher, dass alles gut werden würde. »Alles wird gut! Alles wird gut!«, sagte ich mir innerlich auf, fast wie ein Mantra. Ich mochte Kinder und war gerne mit ihnen zusammen. Ich atmete tief durch.

Dann klingelte das Telefon. Schnell nahm ich ab und sagte professionell: »Hello?«

Pat war am Apparat. »Hat alles geklappt? Sind die Kinder wach?«

»Ja, hat alles geklappt. Die Kinder sind wach!«, berichtete ich ihr stolz.

»Haben sie schon gefrühstückt?«, wollte Pat wissen.

»Breanne hat gerade ihre Milch getrunken!«

»Das ist gut. Dann hole bitte Brook an den Apparat. Ich möchte mit ihr sprechen«, bat Pat.

»Brook, deine Mama ist am Telefon!«, sagte ich fröhlich und reichte ihr den Hörer.

»Hallo, Mum. Wir sehen gerade 'König der Löwen'«, war das Erste und das Einzige, was Brook von sich gab. Dann gab sie mir den Hörer zurück und vertiefte sich wieder in den Film.

»Ich habe doch geschrieben ‚No TV'!«, schimpfte Pat. »Kannst du denn nicht lesen? Hast du das in Frankreich nicht gelernt? Wenn du nicht lesen kannst, bist du bei uns fehl am Platz!«

Ich erschrak und wollte Pat noch daran erinnern, dass ich aus Deutschland kam. Doch ich ließ es lieber bleiben. Was machte das für einen Unterschied? Alle europäischen Länder waren für sie sowieso gleich und ich war mir sicher, dass sie bestimmt nicht wusste, wo welches Land lag.

Was sollte ich jetzt machen? Dann fiel mir Brooks blöde Ausrede ein. »Auf dem Zettel stand ‚No TV', aber nicht ‚No DVD'«, versuchte ich mich zu verteidigen, aber im gleichen Moment merkte ich, wie bescheuert das klang. Es klang vielleicht witzig bei einer Fünfjährigen, aber peinlich, wenn es eine Neunzehnjährige sagte.

»DVD, TV, es ist doch wohl klar, dass das dasselbe ist. Mein Gott, bist du begriffsstutzig! Jetzt mach sofort den Fernseher aus. Denn Filme geguckt werden bei uns nur am Wochenende, wenn wir dabei sind!«, schimpfte Pat weiter. Ich hatte das ungute Gefühl, dass ich vollkommen versagt hatte. Außerdem spürte ich in mir Hass aufsteigen. Hass auf die kleine Frau mit der schrillen Stimme, die in Zukunft mein Leben bestimmen würde.

Resigniert legte ich den Hörer auf und schaltete den Fernseher aus. Die Kinder gaben augenblicklich Protestschreie von sich und wurden dann von Heulkrämpfen geschüttelt.

Da schlug eine Uhr halb neun. Ich musste Brook anziehen und ihr Frühstück hinstellen. Doch Brook schaltete auf stur und saß mit verschränkten Armen auf dem Ledersofa.

»Ich will Julia. Du bist blöd!«, sagte sie und starrte mich hasserfüllt an. Ich biss die Zähne zusammen und holte ihre Anziehsachen, die mir Pat vorsorglich schon herausgesucht hatte und in einem rosa Beutel an die Garderobe gehängt hatte.

Dann hatte Breanne einen Stinker. »Full diaper!«, rief sie und da sah ich schon, dass eine braune Masse an ihren Speckbeinchen herunterlief. Sie zog eine Spur auf dem hellen Teppich hinter sich her und ich bekam Panik.

Ich hatte noch nie ein Kind gewickelt und war gar nicht auf den Gedanken gekommen, dass Dreijährige noch in die Hose machen.

»Brook, bitte hilf mir! Du kannst doch bestimmt deine Schwester wechseln! Oder zumindest hast du einmal zugesehen und weißt, wie rum die Windel gehört!«, rief ich hysterisch. Brook schmollte immer noch, doch immerhin schaute sie zu uns herüber. Dass ein Au–pair nicht wickeln konnte, hatte sie wahrscheinlich noch nie erlebt.

»Die Figuren müssen nach vorne!«, sagte sie schließlich gelangweilt, als ich Breannes Po abgewischt hatte und die neue Windel falsch herum zumachen wollte.

Ich befolgte Brooks Rat und es klappte. »Danke!«, sagte ich erleichtert und machte mich auf die Suche nach dem Windeleimer, den ich auf der Terrasse fand. Jetzt musste ich nur noch die verräterische Spur auf dem Teppich beseitigen und machte mich auf die Suche nach Teppichreiniger. Doch ich fand nichts, was auch nur im Entferntesten danach klang.

Also rieb ich ein wenig mit Wasser und Klopapier an dem Streifen herum, aber das machte alles nur noch schlimmer. Ich versuchte es mit Feuchttüchern und mit einer kleinen Handbürste, die ich im Gäste-WC fand, aber es war zwecklos. Dann schob ich einen von den klobigen Sesseln auf den Schmutzstreifen, doch es fiel zu sehr auf, dass ich die Möbel verstellt hatte und der Sessel versperrte außerdem die Sicht auf den Flachbildfernseher ... Verdrießlich schob ich ihn wieder auf den alten Platz zurück. Sollte ich schnell in die Mall fahren und einen Flickenteppich besorgen? Oder ein Lammfell? Tausend Gedanken jagten mir durch den Kopf. Nervös biss ich mir auf die Unterlippe, bis sie anfing zu bluten. Es war erst zehn nach neun.

Ich sah mich um. Wo waren die Kinder? »Breanne, Brook!«, rief ich aufgeregt. »Breanne, Brook!«

Nichts rührte sich. Wo konnten sie nur stecken? Ich suchte das ganze Haus ab, lief die Treppen rauf und runter und bekam eine Herzattacke nach der anderen. Schon wieder klingelte das Telefon. Schon wieder war es Pat. »Hello?«, sagte ich kläglich. Ich hatte die Kinder verloren.

»Geht es den Kindern gut?«, fragte Pat eindringlich ohne eine Begrüßung.

»Ja, es geht ihnen gut!«, berichtete ich. Meine Stimme zitterte. Sollte ich ihr sagen, dass ich die Mädchen verloren hatte? Doch ich wusste, wenn ich das sage, dann bin ich sofort gefeuert. Sofort, noch ehe ich den Jetlag ausgeschlafen hatte.

»Ich möchte jetzt Breanne sprechen!«, forderte Pat. Ihre Stimme klang kalt und herrisch. Ich spürte fast den bohrenden Blick durch den Telefonhörer.

»Die macht gerade ein Puzzle!«, rief ich mit gespielter Heiterkeit. »Breanne, willst du mit der Mama sprechen?«, fragte ich laut in den Raum. »Sie schüttelt den Kopf!«, berichtete ich atemlos. Ich dachte, ich kippe gleich um.

»Das gibt es doch nicht!«, rief Pat entgeistert. »Sie will doch immer mit mir sprechen!«

»Aber jetzt will sie gerade nicht!«, sagte ich hartnäckig. »Sie macht ein Puzzle!«

»Welches macht sie denn gerade?«, fragte Pat. Ich kam mir vor wie bei einem Polizeiverhör. Es war entsetzlich. Meine Gedanken rasten wild umher. Was für Puzzle gab es in diesem Haushalt? »Eines mit einer Prinzessin!«, rief ich. Damit konnte ich nicht falsch liegen.

Pat war zufrieden. »Ich muss jetzt auflegen. Falls etwas ist, meine Nummer habe ich dir aufgeschrieben. Sie hängt am Kühlschrank!«

Das war nicht zu übersehen. Riesengroß hing Pats Dienstnummer zwischen Kinderkritzeleien und Obama Yes, we can'-Magneten an der Kühlschranktür. Ein Blinder hätte sie lesen können. Sie musste mich für total bescheuert halten, so viel war klar.

Schließlich machte ich mich erneut auf die Suche nach den Mädchen. Wo waren sie nur? Sie konnten sich doch nicht einfach in Luft aufgelöst haben! Waren sie aus dem Haus gelaufen?

Ich trat vor die Haustür und sah mich um. Gestern in der Dunkelheit hatte ich nichts mehr gesehen, nichts mehr wahrgenommen. Jetzt stand ich das erste Mal vor dem schicken Haus mit dem Basketballständer vor der Tür und betrachtete meine neue Nachbarschaft. Alles sah gleich aus. Um mich herum standen dieselben Häuser – kleiner Vorgarten, Basketballnetzständer, zwei Autos und ein Baum oder eine Hecke. Manchmal stand noch eine Plastikrutsche vor dem Haus oder ein Sandkasten. Die Mc Doodles hatten beides.

Aber ich hatte keine Zeit, mich mit der eintönigen Siedlung zu befassen. Meine Au–pair Kinder waren weg und es war noch nicht einmal zehn Uhr.

Plötzlich kam eine ungeschminkte Nachbarin aus dem Nachbarhaus. Ja, es fiel mir direkt auf, dass diese Frau ganz natürlich herumlief und keine falschen Brüste hatte. Ihre dunklen Haare fielen ihr in leichten Locken auf die Schulter und ihre grünen Augen blickten mich neugierig an.

»Die Mädchen sind bei uns!«, rief sie fröhlich, als wäre das die normalste Sache der Welt. Brook und Breanne hatten sich tatsächlich aus dem Haus geschlichen und waren zu den Nachbarn gerannt. Mir fielen tausend Steine vom Herzen. Sie waren also nicht im Trockner oder in der Waschmaschine gelandet – auch nicht von einem Psychopathen entführt. Sie spielten lediglich bei den Nachbarn.

Und schon kamen sie auf mich zugerannt. »Sarah, Sarah!«, riefen sie fröhlich. Ich schloss die beiden in die Arme und drückte sie fest an mich.

»Machen sie das öfter?«, fragte ich die Nachbarin neugierig.

»Manchmal. Meine Tochter Rachel ist ihr Babysitter, daher kennen sie sich hier bei uns ganz gut aus!«, erklärte mir die nette Frau. »Ich bin übrigens Amy!«

Amy lud mich auf einen Kaffee ein und stellte eine Schachtel mit Pralinen auf den Tisch. Sie lächelte mich freundlich an und schien bemerkt zu haben, dass es mir gerade nicht so gut ging. Ihre ruhige, einfühlsame Art gefiel mir sehr.

Erst jetzt fiel mir auf, dass meine Beine heftig zitterten und dass mein Herz raste wie nach einem Halbmarathon. Ich erzählte der Nachbarin ein wenig von mir und trank meinen Kaffee.

»Ich glaube, ich habe schon sehr viel falsch gemacht heute Morgen!«, platzte es aus mir heraus.

Amy tröstete mich: »Es ist dein erster Tag. Du solltest eigentlich erst mal in Ruhe ankommen, dein Zimmer einrichten und dich einfach nur ausruhen. Ich verstehe beim besten Willen nicht, dass sie dir keine Einarbeitungszeit gegeben haben …«

Endlich sprach es einmal jemand aus. Das fand ich nämlich auch!

In jedem Job hat man eine Einarbeitungszeit. Ich spürte, dass ich Amy vertrauen konnte und fragte sie nach Teppichreiniger. Sie holte schnell ein Spray aus ihrem Wandschrank und ging mit mir zurück zu den Mc Doodles. Dann sprühten wir die braune Spur ein. Hoffentlich würde das Spray helfen! Hoffentlich war das meine Rettung.

»Das muss erst mal einwirken. Nachher bürsten wir das Pulver ab!«, erklärte Amy fachmännisch. Ich war ja so glücklich und bedankte mich überschwänglich.

Ich ging mit den Kindern zurück in unser Haus, denn es war Zeit, das Mittagessen vorzubereiten. Die Kinder stocherten lustlos in den Nudeln herum und Breanne schmierte sich wieder einmal total ein. »Du hast das Lätzchen vergessen!«, bemerkte Brook und grinste. Sie schien sich über jeden Fehler, den ich machte, zu freuen. Jetzt war es sowieso zu spät, noch etwas daran zu ändern, und Breanne konnte sich auch komplett bekleckern. Sie musste sowieso umgezogen und gebadet werden. Schnell ließ ich Wasser in die Wanne und füllte das Schaumbad *Soapy Snoopy* ein.

»Ich will auch in die Wanne!«, rief Brook fröhlich und zog sich in Windeseile aus. Ich hatte nichts dagegen. Dann waren sie wenigstens beide beschäftigt! Hungrig und erschöpft setzte ich mich neben die badenden Kinder auf einen mit rosa Samt überzogenen Plüschhocker und reichte ihnen das gewünschte Badespielzeug. Plötzlich klingelte das Telefon. Ich rannte die Treppe herunter und nahm den Hörer ab.

»Hi, ich bin es noch einmal. Warum bist du vorhin nicht ans Telefon gegangen? Ich habe bestimmt zehn Mal versucht, dich zu erreichen!«, schimpfte meine Gastmutter.

Oben aus dem Badezimmer kam lautes Geschrei. »Ich muss auflegen, die Kinder sind in der Wanne!«, rief ich hektisch.

»In der Wanne? Um diese Zeit?«, schrie Pat wütend. »Das steht doch gar nicht auf deinem Plan!« Plötzlich legte sie den Hörer auf. Wütend rannte ich zurück zu den Kindern. Plan, Plan! Alles drehte sich nur um den verrückten Plan. Brook und Breanne bemerkten nichts von meinem Ärger. Laut kreischend stritten sie sich um den grünen Badefrosch.

Plötzlich hörte ich den SUV meiner Gastmutter auf den Hof fahren. Wutschnaubend kam Pat die Treppe hochgerast. Ich hatte die Kinder gerade aus der Wanne gehoben und abgetrocknet. Pat sah mich an wie ein wütender Stier. »Wenn du dich noch einmal meinen Anweisungen widersetzt, dann bist du gefeuert!«, schrie sie mich an. Die Kinder hielten sich die Ohren zu und versteckten sich unter den Badehandtüchern. Ich fühlte mich unglaublich klein und gedemütigt. Wieso sprach sie in so einem Ton mit mir?

Brook hatte sich als Erste wieder gefangen. »Du wirst gefeuert!«, kicherte sie.

Plötzlich fühlte ich mich wie verzaubert. Ich konnte mir nicht erklären, wie das geschah. Ich spürte die Löwin in mir und atmete tief durch. Fertig zum Gegenschlag. »Du brauchst mich nicht mehr zu feuern!«, hörte ich mich sagen. Meine Stimme war tief und ruhig. Pat blickte mich verwirrt an und strich sich nervös eine Haarsträhne aus der Stirn. »Ich kündige!«

Kinder und Gastmutter waren sprachlos und versteinert. Ich ließ sie einfach stehen und holte mein Gepäck. Das erste Mal an diesem Morgen fühlte ich mich glücklich und frei. Ich lief aus dem Haus, so schnell ich konnte. Die Sonne schien von einem knallblauen, wolkenlosen Himmel, Vögel zwitscherten. Ein Eichhörnchen huschte an mir vorbei und kletterte in Windeseile den Stamm einer knorrigen Kiefer empor. Ich sah ihm nach, bis es in der Baumkrone verschwunden war. Dann machte ich mich auf den Weg zu Amy und wusste, dass alles gut werden würde.

Von Maniküre und Monstern
Anna Eichinger

Eine sanfte Brise brachte den Duft hunderter Blumen mit sich. Die Sonne tanzte auf der Wiese in gleißenden Strahlen. Doch nicht nur das Licht tanzte. Zwei kleine Feen flatterten durch die Luft und bewegten sich graziös von Blüte zu Blüte.

»Was für ein schöner Tag!«, meinte Elli, das kleinere der Feenmädchen.

»Endlich können wir wieder tanzen und unsere Blumenwiese genießen«, meinte Irina, die andere Fee, und warf übermütig ihre lange blauen Haare über die Schulter.

Die letzten Tage waren mühsam und hart gewesen. Nicht nur, dass durch den Kampf mit dem *Monster* die Nachbarwiese vernichtet worden war. Die Blütenköpfe waren abgerissen gewesen, Grashalme abgeknickt und der Boden aufgewühlt. Nein, es hatte auch noch geregnet und beide Feen hatten so gefroren, dass ihre zarten Fingerspitzen ganz blau geworden waren. Trotzdem waren Irina und Elli den Nachbarfeen zu Hilfe geeilt und hatten in mühevoller Kleinarbeit die Wiese aufgeräumt, geputzt und die Blumen gepflegt und besungen.

Heute war endlich der erste Tag, an dem sie wieder spielen und tanzen konnten. Die Kräuter und Gräser bewegten sich sachte im Wind. Die Blüten streckten ihre zarten Köpfe zur Sonne und erstrahlten in ihrer alten Pracht.

Elli ließ sich rücklings in eine Blüte kippen und kam prustend und lachend wieder hervor und schüttelte all den Blütenstaub ab, der an ihr kleben geblieben war.

Irina sah zur Nachbarwiese hinüber. Diese leuchtete wie ein glitzerndes Farbenmeer, auf dem die Sonnenstrahlen sich an den Tautropfen in Millionen kleine Regenbögen brachen. Die Blüten sprenkelten die grüne Wiese wie ein unendlich buntes Teppichmuster. Darüber flogen zwei männliche Feen im rasanten Tempo.

»Cooler Move«, hörte Irina einen Wortfetzen herüber wehen.

Irina verdrehte die Augen. Sie war immer noch verärgert, dass ihr keine passende Antwort eingefallen war. Nach dem wilden Kampf mit dem *Monster* und dem tagelangen Aufräumen war sie mit einem »Danke, aber Mädchen räumen ja eh gerne auf!« verabschiedet worden. Sie musste nur daran denken und kochte schon vor Wut.

Plötzlich stieß Elli sie an. »Ein Monster!«, flüsterte sie und zeigte zum Rand ihrer Wiese, gegenüber den männlichen Feen.

Beide Mädchen sahen, wie sich die Wiese teilte und ein langer haariger Schwanz sich zwischen den Blumen lautlos hindurch schob.

Irina nahm Ellis Hand und zog sie mit sich. »Komm, hier rüber!« Beide Feen flatterten so schnell sie konnten über die Wiese. Über einer weit verzweigten Glockenblume hielten sie in der Luft an. Das haarige Monster pirschte sich still an sie heran. Da vernahmen sie plötzlich einen Ruf von der Nachbarwiese. »Fliegt weg, Mädchen, wir kommen!«

Der Kopf des Monsters tauchte auf. Augen beinahe so groß wie die Feen selbst starrten sie gierig an und dicke Haare bedeckten seine Fratze. Die riesigen Fangzähne blitzten zwischen dem Fell hervor. Dann wandte es sich in Richtung der heraneilenden Feenmänner.

»Oh nein!«, schnaubte Elli. »Was tun wir jetzt nur?«

»Was Mädchen so tun!«, antworte Irina und zwinkerte spitzbübisch. Beide Mädchen kreischten ohrenbetäubend los.

Das Monster wandte wieder den Kopf und fixierte sie. Es spannte seine Muskeln an, bereit zum Angriff. Ein mächtiger Satz und das riesige Tier sprang mit ausgefahrenen Krallen auf sie zu.

Doch die Feenmädchen waren schneller. Mit raschen Flügelschlagen schossen sie über die Flugbahn des Monsters und sahen ruhig zu, wie das Tier in eine große, bis dahin verdeckte Wasserlache plumpste. Die große Glockenblume neigte auch noch ihre Blätter und Kelche, sodass sich der gespeicherte Regen der letzten Tage über das Tier ergoss.

Ein klägliches »Miau« war zu hören und das Monster entfernte sich rasend schnell mit weit gesträubten Haaren und fahrigen Sprüngen. Kurz konnte man es noch sehen, wie es auf einem entfernten Hügel stehen blieb und sich kräftig schüttelte, dass die Wassertropfen so in alle Richtungen davonstoben.

»Wie? Äh was?«, stammelte der eine Feenmann, als beide endlich atemlos bei den Mädchen angekommen waren.

Irina strich sich eine widerspenstige Haarsträhne hinter das Ohr und Elli blies einen verirrten Wassertropfen von einem Fingernagel. Beide konnten ein ironisches Grinsen nicht unterdrücken, als sie antworteten: »Wir wollten uns unsere frisch manikürten Nägel nicht schon wieder schmutzig machen.« Glockenhelles Lachen erklang über der intakt gebliebenen Blumenwiese, als die Mädchen in das verständnislose Gesicht der Feenmänner blickten.

Die geheime Zauberin
Rebecca Martin

Wieso haben Männer immer das Sagen? Wieso werde ich unterdrückt? Ich bin stark und zielstrebig. Doch hier gelten diese Fähigkeiten nichts. Hier muss man ein Mann sein, um gesehen zu werden.

Seit vierzehn Jahren lebe ich mit meinem großen Bruder Ariel bei Professor Gordian. Er ist ein mächtiger Zauberer und hat uns damals bei sich aufgenommen. Unsere Eltern kamen bei einem Autounfall ums Leben und hinterließen einen vierjährigen Sohn und eine zweijährige Tochter. Eigentlich geht es uns bei Gordian ganz gut. Uns fehlt es an nichts. Nur diese Zauberstadt – Morsyl – treibt mich irgendwann noch in den Wahnsinn. Hier gibt es nur männliche Zauberer und eine Handvoll Frauen.

Das weibliche Geschlecht ist alleine für den Haushalt zuständig. Wir müssen das Haus sauber halten und die Betten machen. Die Kleidung unserer Familien waschen und bügeln, Knöpfe annähen und Löcher stopfen. Zudem ist es unsere Aufgabe die Nahrung anzubauen, zu ernten und zu kochen. Selbst das Erziehen der Kinder liegt in der Hand des Zauberers. Ich darf nicht einmal zur Schule gehen, dabei würde ich so gerne lernen.

Verträumt blickte ich aus dem kleinen Fenster des Turms, in dem mein Zimmer lag. Ich hatte eine wunderschöne Aussicht auf Trivian – die Zaubererschule. Jedes Jahr versuchte ich aufs Neue den Professor zu überzeugen, mich ebenfalls aufzunehmen. Ariel studierte dort bereits seit der Kindheit. Er war mittlerweile zu einem sehr guten Zauberer geworden.

»Mariella, mein Kind, könntest du bitte das Abendessen zubereiten? Erik kommt später noch vorbei«, rief Gordian nach oben.

»Ich komme gleich«, antwortete ich und verdrehte die Augen. Erik, unser „Superstar" – er war Gordians Neffe und der große Hoffnungsträger der gesamten Familie. Soweit ich wusste, war er der begabteste Zauberer an der Schule. Für mich war er nur ein eingebildeter, selbstverliebter Angeber!

Als ich in der kleinen, geräumigen Küche ankam, wartete bereits Ariel auf mich.

»Mariella, du wirst es nicht glauben. Wir haben heute gelernt, wie man einen mächtigen Schutzzauber erschafft. Das war der Hammer!«, erzählte er begeistert.

»Schön«, gab ich leise zurück und fing mürrisch an, das Essen zu kochen.

Pünktlich um Acht erschien Erik. »Na, Prinzesschen. Alles klar bei dir? Hast du uns etwas Leckeres gekocht?«

Genervt blickte ich zur Türe. Lässig an der Wand angelehnt, musterte er mich von oben bis unten. »Natürlich Erik. Für dich gibt es meinen besten Gemüseeintopf«, antwortete ich gespielt freundlich.

Er lachte. »Wenigstens kochen kannst du. Dafür beschützen wir dich schließlich, oder?«

Wütend schlug ich mit dem Kochlöffel auf den Topf. »Wenn es darauf ankommt, kann ich ganz alleine auf mich aufpassen! Und dürfte ich so wie ihr nach Trivian gehen, wäre ich sogar noch eine bessere Zauberin als du.«

»Hexe, Kleines. Zauberinnen gibt es nämlich nicht.«

Ich schnaubte. »Ich bin keine Hexe.«

Erik musste mir jedes Mal vor die Nase halten, dass ich nicht zaubern lernen durfte und das machte mich verrückt. Doch wenn ich ehrlich war, gefielen mir diese kleinen Neckereien mit Erik. Sie brachten ein bisschen Abwechslung in mein Leben. Als Gordian und Ariel jedoch hereinkamen, war das Gespräch beendet. Galant setzte sich Erik an den Tisch und fing gleich an, mit Ariel über den Schutzzauber zu reden, den sie gelernt hatten.

Gordian musterte mich. »Alles in Ordnung, Mariella?« Ich nickte. Gordian drückte mich an der Schulter und lobte mein Essen. Diese wöchentlichen Abendessen nervten mich mindestens genauso wie Erik. Die drei Männer redeten nur über Magie und Zauberei und ich musste meinen Mund halten.

Zu viele schweigsame Stunden später räumte ich die Küche auf und verabschiedete mich auf mein Zimmer. Dort wartete ich jeden Abend darauf, dass Erik nach Hause ging und Gordian und Ariel sich schlafen legten. Eine Stunde lang hörte ich noch Geräusche im Haus und als es still wurde, drückte ich gespannt mein Ohr an die Türe. Nichts – nur das Ticken der Wanduhr. Auf leisen Sohlen schlich ich den Flur entlang, bis ich die Wendeltreppe in das Labor erreichte. Jedes Mal betete ich, dass die Treppe kein lautes Knarren von sich gab. Als ich ohne Zwischenfall ins Labor gelangte, wuchs meine Vorfreude ins Unermessliche. Es war die schönste Zeit, denn jeden Abend schlich ich mich hier herauf, um in Gordians alten Zauberbüchern zu schmökern. Wenn Ariel Mitleid mit mir gehabt hatte, hatte er mir den einen oder anderen leichten Zauber gezeigt, doch bald darauf fing ich an, mir alles selbst beizubringen. Ja, alleine! Und mittlerweile war ich wirklich gut darin geworden.

Schnell zog ich Ariels Buch der Verteidigungskünste hervor. Ich wollte unbedingt diesen Schutzzauber erlernen. »Pentus, xaminus, praesidium.« Zuerst flackerte ein kleines, violettes Licht in meiner Hand auf, das sich auf einmal wie ein Wirbel schützend um mich wand.

»Es klappt!«, rief ich euphorisch. Erschrocken presste ich meine Hände auf den Mund und lief zu der Türe, um zu prüfen, dass alle noch schliefen. Alles still. Beruhigt atmete ich auf. Ich war unglaublich stolz, diesen Schutzzauber beim ersten Mal geschafft zu haben. Erik und Ariel hatten dafür bestimmt länger gebraucht! Fast die ganze Nacht saß ich an dem Buch und übte Schutz- und Verteidigungszauber. Erst in den frühen Morgenstunden begab ich mich in mein Bett. Ich brauchte doch ein wenig Schlaf, um nicht beim Putzen vor Müdigkeit umzufallen.

Am nächsten Mittag kamen Ariel und Erik ganz aufgeregt nach Hause. Sie waren so außer sich, dass sie mich nicht einmal begrüßten.

»Onkel, das wirst du mir bestimmt nicht glauben! Professor Drake soll Morsyl verlassen haben! Du wirst niemals erraten, wer die Stelle des Direktors vorübergehend übernommen hat«, erzählte Erik aufgebracht.

»Eine DirektorIN«, fügte Ariel hinzu.

»Professorin Denarya. Sie ist der absolute Hammer. Bildhübsch und schlau ist sie auch«, gab Erik zu.

»Als ob das so selten wäre«, murmelte ich leise vor mich hin.

»Hast du was gesagt?« Genervt verneinte ich.

Die beiden Jungs erzählten während des Mittagessens, wie alles geschehen war. Professor Drake sei heute Morgen einfach nicht aufgetaucht, man hätte nur einen mysteriösen Abschiedsbrief gefunden. Das Lehrerkollegium hielt deswegen eine Schülerversammlung ab und stellte die neue Direktorin vor. Zuerst seien alle geschockt gewesen, dass eine Frau die Schulleitung übernahm, doch im Laufe des Vormittags stellte diese Denarya sich als der absolute Wahnsinn heraus. Aber Gordian wirkte irgendwie nachdenklich.

Nach dem Essen fuhren die Jungs nach Trivian zurück und ich räumte das Haus auf. Gordian saß weiterhin in der Küche und grübelte vor sich hin.

»Alles in Ordnung?«, fragte ich ihn besorgt.

Es dauerte einen Moment bis er mir antwortete. »Danke, Kind. Es geht schon. Doch irgendwie finde ich das merkwürdig. Dieses Jahr ist es genau 500 Jahre her, seitdem es keine Zauberinnen mehr in Morsyl gibt. Ich weiß du findest es ungerecht, nicht auf die Schule gehen zu dürfen. Doch dieses Gesetz wurde verabschiedet, nachdem Morsyl fast komplett in Dunkelheit versank. Es gab eine dunkle Zauberin Hoxa. Sie war von Grund auf böse. Hoxa gründete einen geheimen Schülerzirkel, um den Mädchen von Trivian dort die dunkle Magie beizubringen. Irgendwann wollte Hoxa immer mehr und mehr und versuchte mit Hilfe ihres Zirkels, die Macht an sich zu reißen.« Erstaunt starrte ich den Professor an. Seine Stimme hatte zu zittern angefangen. »Nur mit Mühe und großer, mächtiger Magie schafften wir es, sie zu verbannen. An diesem Tag wurde beschlossen, dass in Morsyl nur noch männliche Kinder die Magie erlernen sollten. Es dient zu unserer aller Schutz.«

Ich ließ seine Worte eine Zeit lang auf mich wirken. »Wieso hast du mir das nicht erzählt? Dann wäre ich mir nicht so unfähig vorgekommen«, gab ich vorsichtig zu.

Gordian schenkte mir ein liebevolles Lächeln. »Weißt du, Mariella, erstens ist es ein halbes Jahrtausend her und zweitens wäre es nicht schlimmer gewesen, zu wissen was in dir steckt und du es nicht ausüben darfst?« Ich nickte. »Deshalb finde ich die Sache mit Professor Denarya sehr seltsam. Ich werde einige Stunden aus dem Haus sein. Der Bürgermeister muss dringend eine Ratssitzung abhalten.«

In meine Gedanken versunken starrte ich ihm nach. Diese eine Frau war schuld, dass es hier fast keine Frauen mehr gab und das wir nicht zaubern durften. Das war einfach nur ungerecht!

Wie Gordian es vorausgesagt hatte, fand abends die Ratssitzung im Gemeindehaus statt. Ariel und Erik durften offiziell dabei sein, während ich mich jedes Mal einschleichen musste. Schnell rannte ich die leeren Straßen entlang, die zum Gemeindehaus führten. Plötzlich stieß ich mit einer hochgewachsenen, bildschönen Frau zusammen. Ihre dunkelblauen Haare flatterten im Wind und ihr Gesicht war einfach nur atemberaubend. Doch als ich aufsah und ihre dunklen, fast schwarzen Augen erblickte, stockte mir der Atem. Irgendetwas an der Frau stimmte ganz und gar nicht.

»Pass doch auf!«, schrie sie.

»Entschuldigung«, stammelte ich hervor. Ohne ein weiteres Wort, glitt sie elegant in den Ratssaal. Noch etwas schockiert, kletterte ich auf den Dachboden des Ratssaals. Von dort aus gab es einen Schacht, durch den ich immer alles ganz genau verfolgte. Wie jedes Mal saßen die fünf Mitglieder in einem Halbkreis um das Rednerpult. Der Rat bestand aus dem Bürgermeister, dem Pfarrer, Gordian, Mr. Salyver vom Amt für magische Gegenstände und Humphrey, dem Herausgeber des Silberpfeils, der örtlichen Tageszeitung. Auf der anderen Seite des Saals nahmen die männlichen Bewohner Morsyls Platz. Die merkwürdige Frau von vorhin stand am Rednerpult. Das konnte nur die neue Direktorin Denarya sein. Schließlich war die Direktorin das einzige Thema auf der Tagesordnung und sonst durften Frauen nie an der Ratssitzung teilnehmen. Als ich sie so betrachtete, fiel mir auf, dass ein schwarzer Schatten sie umgab. Diese Frau war durch und durch böse!

Die Ratsherren ließen sich allerdings blenden. Der Bürgermeister, Mr. Salyver und Humphrey konnten ihren Blick von Anfang an nicht von ihr abwenden. Nur der Pfarrer und Gordian waren etwas skeptischer. Doch umso länger die Sitzung dauerte, desto mehr wickelte sie die Herren ein. Selbst Gordian stierte sie nach einer Weile mit glasigem Blick an und hing wie gebannt an ihren Lippen. Am Ende der Sitzung wurde einstimmig beschlossen, dass es keine Gründe gegen eine Direktorin in Trivian gab.

Zu Hause wartete ich bereits auf den Professor und die beiden Jungs. Gordian kam strahlend herein. »Es ist alles in Ordnung. Sie ist eine unglaublich nette und offene Persönlichkeit. Wir können uns glücklich schätzen, sie in Morsyl begrüßen zu dürfen«, gab er wie verzaubert von sich.

»Hör mir zu, Professor. Ich habe sie heute ebenfalls getroffen. Sie ist böse. Wirklich böse. Du musst mir glauben!«

Gordian winkte ab und setzte sich ins Wohnzimmer. »Du bist nur eifersüchtig, mein Kind. Es tut mir leid, aber nur weil es jetzt eine Zauberin in Trivian gibt, wird sich nichts an den jetzigen Regeln ändern.«

Empört rannte ich in mein Zimmer. Wenig später klopfte Ariel an. »Alles in Ordnung?«

Beleidigt spielte ich mit meiner Decke und beachtete ihn kein bisschen.

Dennoch setzte er sich zu mir ans Bett. »Komm schon, Mariella, was ist los?«

Wütend erhob ich mich und rannte auf und ab. »Du willst wissen, was los ist? Hier ist eine unglaublich böse, böse Frau und keiner kapiert es! Sie kann machen, was sie will, und alle Männer sind ihr hörig. Ich glaub das einfach nicht!«

Ariel legte mir mitfühlend seine Hand auf die Schulter. »Du bist eifersüchtig. Dass du nicht Lernen darfst, ist nicht ihre Schuld.«

Schnaubend rannte ich die Treppe hinunter und hinaus in die Dunkelheit. Wie blöd sind Männer eigentlich? Es durfte nicht wahr sein, dass alle auf diese Hexe hereinfielen. Ich musste mit jemandem sprechen. In meiner Rage fiel mir niemand anderer als Erik ein. Auch wenn mir diese Idee nicht sonderlich gefiel, musste ich wissen, ob wenigstens er mir glaubte. Dabei hatte er heute Mittag ganz schön geschwärmt ...

Erik wohnte nur ein paar Straßen weiter. Ich schlich mich in den Garten, nahm einige Kieselsteinchen und warf sie gegen sein Fenster.

»Hey, was soll das? Ach, du bist es, Prinzesschen«, stellte er beruhigt fest.

»Kannst du kurz herunterkommen? Ich muss mit dir sprechen, es ist wirklich wichtig«, fragte ich ihn nervös.

Anstatt mich aufzuziehen, erwiderte er: »Warte kurz.«

Kaum war Erik in meiner Hörweite, platzte ich mit meiner Ahnung heraus. »Denarya ist böse. Dunkelheit umschwirrt sie und keiner glaubt mir. Bitte sag mir, dass ich nicht verrückt werde! Und das hat wirklich nichts damit zu tun, dass sie zaubern darf und ich nicht!«, rief ich genervt aus.

Erik lächelte mich besänftigend an. »Das glaube ich dir. Auch wenn es mir oft schwerfällt, einer Meinung mit dir zu sein. Aber du hast recht, mir ist aufgefallen, wie sie einen ständigen Charisma-Zauber beschwört. Sie will die Leute manipulieren.« Ein dicker, großer Stein fiel von meinem Herzen. Es gab wenigstens eine Person, die mir glaubte. Auch wenn Erik und ich uns oft neckten, war er nach Gordian und Ariel derjenige, dem ich am meisten vertraute.

Erleichtert grinste ich ihn an. »War ja klar, dass unser ‚Starzauberer' nicht auf so eine schlechte Täuschung hereinfällt.« Doch sogleich wurde ich wieder ernst. »Was sollen wir nun unternehmen? Was ist, wenn Professor Drake gar nicht von alleine gegangen ist? Vielleicht hat sie ihm ja etwas angetan«, stellte ich beunruhigt fest.

Erik legte mir die Hand auf die Schulter und drückte fest zu. »Morgen Nachmittag treffen wir uns im Wald, an der kleinen Mühle. Wir kriegen das schon hin«, bemerkte er entschlossen.

Erik brachte mich nach Hause und irgendwie fühlte ich mich etwas besser. Wir hatten zwar eine bösartige Zauberin in unserer Stadt, wir wussten noch nicht, wie viel Unheil sie anrichten würde und alle waren ihr verfallen, doch es gab einen Jungen, der mir glaubte. Anscheinend war Erik doch nicht so blöd, wie ich immer gedacht hatte.

Am nächsten Tag erledigte ich meine Hausarbeiten so schnell wie möglich, da ich nachmittags rechtzeitig fertig werden wollte. Ich war gerade dabei die Töpfe zu säubern, als Ariel gut gelaunt hereinkam. »Wo ist Erik?«, fragte Gordian.

»Er war heute nicht in der Schule. Komisch, die ganze Oberstufe ist heute nicht erschienen«, antwortete er achselzuckend. Das war sehr seltsam.

Doch selbst Gordian winkte ab. »Vielleicht haben sie ja einen Ausflug gemacht«, gab er zu bedenken. Ariel nickte und setzte sich an den Tisch.

Empört knallte ich den Topf auf die Tischplatte. »Findet ihr das nicht seltsam? Die besten und begabtesten Schüler sind auf einmal von der Schule verschwunden?« Doch Gordian und Ariel ignorierten mich.

Nervös lief ich in den Wald zu unserem verabredeten Treffpunkt. Ich wartete bis zur Dämmerung, aber Erik tauchte nicht auf. Langsam machte ich mir echte Sorgen. Da kam mir ein Gedanke, der mich nicht mehr losließ. Vielleicht hatte Denarya sie wie Professor Drake weggesperrt? Wahrscheinlich hatte Erik seine Oberstufe angestachelt. Denn wenn man genau hinsah, konnte man, wie Erik schon sagte, den Charisma-Zauber erkennen. So fällte ich meinen Entschluss allein: Ich musste nach Trivian. Auf Hilfe von anderen konnte ich nicht bauen. Nachher würden noch weitere Zauberer verschwinden.

Die zwei dunklen Türme, die Trivian säumten, strahlten pure Macht aus. Ich ließ meinen Blick über die Mauern der Schule gleiten und spähte vorsichtig durch das gigantische Tor in den Innenhof. Außer dem Hausmeister war niemand zu sehen. Trotzdem konnte ich nicht einfach so hereinspazieren. Mädchen waren hier nicht geduldet.

Da fiel mir die alte Eiche ein, von der Ariel mir einmal erzählt hatte. Sie befand sich an der nördlichen Schulmauer und diente als Versteck für einen ganz besonderen Gegenstand. Flink lief ich zu dem Baum und fand auch gleich die kleine Öffnung am Ende des Stammes. Erwartungsvoll griff ich hinein und zog die silberne Tarnkappe hervor. Seit Jahrhunderten nutzten die Schüler sie, um sich heimlich aus dem Schloss zu schleichen. Schnell setzte ich sie auf und auf einmal war ich nicht mehr zu sehen. Voller Bewunderung betrachtete ich meine durchsichtigen Hände.»Genial!«

Jetzt rannte ich zum Eingangstor zurück und durchquerte angespannt den Innenhof. Fast wäre ich mit dem Hausmeister zusammengestoßen, doch ich konnte es im letzten Moment verhindern. Ich hielt meinem Atem an, als er direkt vor mir stand. Aber zum Glück konnte er mich nicht erkennen.

Jetzt trennten mich nur noch ein paar Stufen vom Schulgebäude. In der prunkvollen Eingangshalle, die durch Fackeln beleuchtet wurde, war niemand zu sehen. Die Wände waren voller Gemälde ehemaliger Schulleiter und den verschiedensten Auszeichnungen. Leider hatte ich keine Zeit, sie näher zu betrachten. Wo sollte ich zu suchen anfangen? Aus Ariels Erzählungen wusste ich, dass die breite Treppe vor mir in die Schulräume führte und rechts der Speisesaal lag. Da fiel mein Blick auf eine uralte Ritterrüstung. Ich erinnerte mich daran, dass man dort durch eine Tür zum Gewölbekeller gelangte. Schnell lief ich zu der Rüstung und fand eine dunkle Holztüre.

Sie war offen und mein Herz machte voller Freude einen kleinen Hüpfer, als ich die Wendeltreppe erblickte. Nervös schlich ich die großen Stufen hinunter. Auf einmal wurde ich von drei jungen Unterstufenschülern angerempelt und die Tarnkappe fiel auf den Boden. Sie sahen mich mit dunklen, wilden Augen an. Ich schaffte es gerade noch sie aufzuheben und hinter meinem Rücken zu verstecken. »Was tust du hier, Mädchen?« Dabei betonte er *Mädchen* wie ein Schimpfwort.

»Lasst mich vorbei. Ich suche jemanden«, gab ich selbstbewusst zurück.

Der dickere Junge in der Mitte übernahm die Führung und trat einen Schritt auf mich zu. »Verschwinde von hier«, fauchte er mich an.

Sie waren bestimmt zwei oder drei Jahre jünger als ich und wollten mich tatsächlich bedrohen. »Sorry Jungs, aber ist das hier etwa das Kaffeekränzchen der drei Musketiere?«

Der Junge in der Mitte funkelte mich zornig an. »Wir sind der Zirkel des Raben. Wir haben die ausdrückliche Anweisung niemanden hier durchzulassen.«

Zirkel? Da klingelte etwas in mir. Sofort spannte sich mein Körper an. »Lasst mich raten: Denarya hat euch vereidigt und ihr handelt auf ihre Anweisung?«, fragte ich.

»Verschwinde endlich. Sonst passiert etwas«, zischte der kleinere Junge.

»Tja, Pech gehabt. Ich halte mich nicht an eure Anweisungen.« Ich steckte die Tarnkappe in meine Seitentasche und lief einfach an den Jungs vorbei. Plötzlich schlug zu meiner rechten Seite ein Angriffszauber in die Wand ein. Jetzt wurde ich richtig sauer. »Es reicht. Ihr habt jetzt Pause!«, schrie ich sie an.

»Sedi, comudum, brachiales!«, beschwor ich einen starken Fesselzauber. Violette Fäden schossen aus meinen ausgestreckten Händen und glitten auf die Drei zu. Sie wanden sich um sie und schnürten sie zusammen. Meine nächtlichen Unterrichtsstunden hatten sich doch gelohnt!

Voller Stolz ließ ich die Drei zurück und suchte die Gänge des Gewölbekellers ab. Da hörte ich auf einmal eine allzu bekannte Stimme: »Prinzesschen. Du bist es wirklich.« Erik war in einer kleinen Zelle gefangen. Ich rollte mit den Augen über seine Unfähigkeit und lief zu ihm.

»Nenn mich nicht Prinzesschen.«

Erik lächelte dennoch. »Wie bist du bloß an diesem Zirkel vorbeigekommen?«, fragte er neugierig.

»Zirkel – das ich nicht lache. Das war wohl eher ein Kindergarten. Jetzt sehen sie ja, was sie von ihrem lächerlichen Angriffszauber haben.«

Verwirrung spiegelte sich deutlich in Eriks Augen, als wollte er meine Worte nicht begreifen. Kein Wunder, wenn seit einem halben Jahrtausend keine Frau mehr in Morsyl gezaubert hatte. »Mal sehen«, murmelte ich und begutachtete die Eisenstäbe. »Tortium, explordium!« Plötzlich flogen die Gitterstäbe in die Luft.

Erik, von der Wucht der Explosion in die Zelle geschleudert, sah mich mit großen Augen an. »Wie hast du das gemacht? Seit wann kannst du zaubern?«

Verschmitzt lächelte ich. »Ich habe so meine Geheimnisse. Obwohl dieser Zauber eher daneben gegangen ist. Ich muss noch an meiner Feinmotorik arbeiten.«

Erik schüttelte den Kopf und setzte sich vorsichtig auf. »Unglaublich.«

»Jetzt bist du mir was schuldig. Schließlich habe ich dich gerettet.« Ich hielt ihm die Hand hin, doch Erik winkte ab.

»Das hätte ich auch alleine geschafft.« Ich rümpfte die Nase über seine Angeberei.

»Okay, gegen Denaryas Immunzauber hätte ich nichts anstellen können.« Triumphierend boxte ich ihn leicht in die Seite.

»Und wo befinden sich die anderen?« fragte ich.

Erik ließ die Schultern hängen, wie weggeblasen war sein stolzes Gehabe. »Ich glaube im Turm. Denarya wollte einen Zirkel beschwören und dafür die Kraft der Oberstufe nutzen. Sie hat gemerkt, dass ich ihr nicht mehr glaube und mich von meinen Mitschülern getrennt.« Erik straffte wieder seine Schultern. Erst jetzt wurde mir bewusst, wie nah wir beieinander standen. Sein Gesicht war nur wenige Zentimeter von meinem entfernt und meine Finger fingen zu kribbeln an. »Danke, dass du mir geholfen hast. Wirklich. Aber das ist jetzt Männersache. Geh nach Hause, damit du in Sicherheit bist«, befahl er mir.

Die Spannung, die sich zwischen uns gerade aufgebaut hatte, war wie weggeflogen. Ich schubste ihn gegen die Wand. »Jetzt hör mir mal zu. Dieses Miststück will unsere Stadt zerstören. Sie muss besiegt werden und ich werde mich persönlich darum kümmern. Das hier ist eine Sache von Frau zu Frau, ob es dir passt oder nicht.«

Erik überlegte einen Moment, dann griff er nach meiner Hand. »Na dann los.« Wusste ich doch, dass er nicht so dumm war, wie er sich immer gab.

Gemeinsam rannten wir den dunklen Gang zurück zu der Treppe entlang. Erik musste lachen, als sein Blick auf die drei an der Wand gefesselten Jungs fiel. »Respekt«, rief er mir stolz zu.

»Danke«, erwiderte ich.

Die Eingangshalle war nun von sechs Schülern besetzt. Ich vermutete, dass sie ebenfalls zum Zirkel des Raben gehörten. Mit strengem Blick überwachten sie die Türen. Wie sollten wir ungesehen an ihnen vorbeikommen? Ich wollte nicht, dass sie Alarm schlugen. Da fiel mir die Tarnkappe ein, die ich immer noch bei mir trug. Mir kam da ein Gedanke und ich hoffte sehr, dass dieser stimmte. »Ich hab eine Idee! Vertrau mir.« Aufgeregt zog ich die Tarnkappe auf und nahm seine Hand. Urplötzlich war Erik ebenso verschwunden.

»Bist du noch da?« flüsterte ich.

»Wir sind unsichtbar! So bist du also in die Schule gelangt.«

»Man muss nicht nur zaubern können, sondern auch Köpfchen haben, Superstar«, antwortete ich ihm frech.

Ungesehen liefen wir die breite Treppe hinauf. Der Gang spaltete sich in drei Richtungen. »Da hinten führt eine Treppe in den Turm.« Erik zeigte in den mittleren Gang, doch durch die spärliche Beleuchtung konnte man fast nichts erkennen. »Komm mit.«

Als wir uns dem Turm näherten, hörte ich Schreie. Sofort stürmten wir los. Erik fixierte die einzige Türe, die uns noch vom Turmzimmer trennte und sprach: »Aperio, actutum.« Die Tür sprang auf und wir platzten in eine schreckliche Szene.

Denarya umkreiste ein schwarzes Buch und murmelte irgendwelche Beschwörungen, die ich nicht kannte, aber allein beim Klang der Worte stellten sich meine Nackenhaare auf. Vor ihr lag ein dunkelhaariger Junge, der krampfte und vor Schmerzen brüllte. Die anderen Oberstufenschüler bildeten einen Kreis um ihn. Ihre Augen waren leer und sie wirkten wie versteinert.

Als Denarya unsere Anwesenheit bemerkte, flippte sie aus. »Ihr wagt es mich zu stören? Was fällt euch ein?«, fluchte sie.

Erik stürmte auf sie zu, doch Denarya war schneller und ließ schwarze dunkle Fäden aus ihren Händen sprießen, die Erik an die Wand drückten und ihm die Luft zum Atmen nahmen.

»Lass ihn los!«, schrie ich. Ich spürte, wie mir vor Wut die Tränen über die Wange liefen. Auch wenn ich mich nicht immer gut mit Erik verstanden hatte, wollte ich nicht, dass ihm etwas zustieß. In diesem Moment wurde mir bewusst, wie viel er mir wirklich bedeutete. Das musste schon länger so gehen, doch ich hatte es nie zugeben können. Wie blind ich doch gewesen war.

Denarya schritt mit funkelnden Augen direkt auf mich zu. Dunkle

Schatten wanden sich um sie und versuchten, nach mir zu greifen. »Wie niedlich. Das kleine dumme Ding möchte ihren Freund retten.«

Denarya beschwor einen Zauber und ein roter Blitz schnellte aus ihrer Hand, der mich frontal traf. Ich stöhnte, krümmte mich vor Schmerzen und sackte zu Boden. Einen kurzen Moment wollte ich aufgeben. Es wäre so viel einfacher. Da hörte ich Erik meinen Namen schreien. Nicht Prinzesschen, sondern meinen Namen, Mariella. Bilder von Erik, Ariel und Gordian schossen mir durch den Kopf. In mir tobte auf einmal eine Wut, die ich nicht bändigen konnte. Ich spürte diesen Impuls bis in die kleinste Zelle strömen.

Langsam richtete ich mich auf. »Certo, sectum!« Die azurblauen Strahlen, die ich beschwor, griffen Denarya an. Sie lachte höhnisch und ließ ihre schwarzen Schatten auf mich los. Sie kämpften gegen meinen Zauber an und löschten ihn letztendlich aus. Mein Blick fiel auf Erik und mir wurde bewusst, dass ich nicht aufgeben durfte. Ich legte alles, was ich empfand, spürte und liebte, in diesen einen Zauber. Auf einmal erfüllte ein Licht, das ganz tief aus mir zu kommen schien, den Raum und traf Denarya direkt ins Herz. Kreischend fiel sie zur Asche zusammen. Der gesamte Saal leuchtete und die Schüler fielen zu Boden. Langsam blinzelten sie und reckten sich, als wären sie gerade aus einem langen Schlaf erwacht. Erik sackte nach Luft ringend zu Boden.

»Erik!«, rief ich und lief zu ihm.

Erik strich mir sanft über die Wange. »Unglaublich. Mariella, du hast uns alle gerettet«, flüsterte er leise. Er wollte weiterreden, doch ich legte meinen Finger auf seine Lippen und zog ihn in eine Umarmung, damit die anderen nicht sehen konnte, wie ich heulte. Diese verdammte Hexe hätte ihn töten können! Jemand stand plötzlich hinter uns und klatschte in die Hände. Wir drehten uns um und blickten in die gütigen Augen des Direktors.

»Professor Drake!«, riefen wir beide gleichzeitig.

»Mariella, vielen Dank! Du hast es geschafft, diese Frau zu vernichten. Denarya war eine Urahnin Hoxas und wollte sich rächen. Durch eine List hat sie mich in diesen Spiegel verbannt und von der Außenwelt abgeschottet.« Er zeigte auf den goldgerahmten Spiegel in einer anderen Ecke des Raumes. Tatsächlich, er war mir bei unserer Ankunft im Turmsaal gar nicht aufgefallen.

Professor Drake klopfte mir stolz auf die Schulter. »Ich weiß nicht, wo du so zaubern gelernt hast, Mädchen, doch in dir steckt so viel Magie, dass ich sie nicht ignorieren kann. Ich möchte dich herzlich auf Trivian begrüßen. Es wäre mir eine Freude, dich hier zu unterrichten.«

Hatte ich mich verhört? »Aber, aber der Rat. Der ist doch dagegen«, antwortete ich leise.

Professor Drake stellte uns wieder auf die Füße. Allein der Anblick seines Lächelns schien mir wieder Kraft zu geben. »Ich fürchte nach den jüngsten Ereignissen, wird sich der Rat über seine Gesetze Gedanken machen müssen. Geht nun nach Hause und ruht euch aus. Ich kümmere mich um den Rest.«

Erschöpft, aber glücklich, liefen wir nach Hause.

Seit diesem Tag ist einiges in Morsyl passiert. Mädchen dürfen wieder zur Schule gehen und offiziell Magie benutzen. Erik und ich sind jetzt zusammen und ich bin wirklich seine Prinzessin. Wer hätte das gedacht!

Eines möchte ich den Mädchen da draußen noch mit auf den Weg geben: Lasst euch niemals sagen, was ihr könnt und was nicht. Glaubt an euch und eure Fähigkeiten. Es ist es wert, dafür zu kämpfen.

An die Frau gegenüber von mir

Julian Stawecki

Wenn Sie diesen Brief lesen, wird Ihnen sicherlich bewusst werden, dass er von einer Person stammt, die Sie nicht kennen. Jedoch ist die Wahrscheinlichkeit hoch, dass Sie mich schon einmal gesehen, aber nur nicht wahrgenommen haben.

Erschrecken Sie bitte nicht, wenn ich Ihnen sage, dass ich Sie bereits des Längeren beobachte. Ich bin kein Voyeur und besitze keineswegs die Angewohnheit, fremden Leuten hinterherzuspionieren. Ich kenne Sie nur vom Sehen, nicht mehr, nicht weniger.

Sie besuchen seit ungefähr einem Monat diese Bar. Genauer gesagt seit vier Wochen. Sie sitzen stets auf demselben Barhocker und bestellen dasselbe Getränk. Whiskey on the rocks. Warum dies so ist, weiß ich nicht, doch denke ich mir, dass Sie hierherkommen, um aus Ihrem beruflichen Alltag zu entfliehen. Sie sind nie in Begleitung, immer allein. Zudem hegen Sie keinerlei Gedanken, einen Mann zu verführen oder sich anderweitig zu vergnügen. Anhand Ihrer Kleidung und Gestik ist deutlich zu erkennen, dass Sie die Einsamkeit suchen. Sie haben in dieser Bar nie ein aufreizendes Kleid getragen oder andersartig ihren Körper zur Schau gestellt. Nur an einem Abend hatten Sie einen Knopf zu viel an Ihrer Bluse geöffnet. Aber ich gehe davon aus, dass Ihnen einfach nur warm war. Ansonsten tragen Sie einen schwarzen Blazer und einen gleichfarbigen Rock. Ich folgere daraus, dass Sie diese Bar direkt nach Ihrer Arbeit aufsuchen.

Die Art, wie Sie das Glas mit dem Whiskey betrachten, erinnert mich stets an eine traurige Katze. In solchen Momenten ist in Ihren Gesichtszügen keinerlei Gefühlsregung zu erkennen. Doch in Ihren Augen wohnt ein glasiges Funkeln. So in Gedanken versunken spielen Sie mit Ihren Haaren, wickeln die Strähnen um Ihren Zeigefinger und schauen verträumt in Ihr Glas, als läge darin etwas unaussprechlich Kostbares.

Ich frage mich, an was Sie in solchen Momenten denken. Denn obwohl ich Sie seit rund einem Monat jeden Werktag in dieser Bar antreffe, bleibt mir dieses Geheimnis verborgen.

Am letzten Freitag sind Sie später gekommen als sonst. Normalerweise treffe ich Sie hier um zwanzig Uhr an, doch diesmal dauerte es bis kurz vor Mitternacht. Ich bin nur wegen Ihnen geblieben. Die Stunden, die ich einsam am Thekenende saß, quälten mich ungemein. Jede Bewegung des Minutenzeigers auf meiner Uhr war wie ein Dolchstich für meine Geduld. In der Zeit, die ich dort ohne Sie saß, fragte ich mich, was mich nur so an Ihnen faszinierte. Ihr Aussehen, Ihre Gestik oder diese geheimnisvolle Aura, die Sie stets wie ein inneres Leuchten umgibt? Ich konnte mir nicht helfen.

Nervös spielte ich mit meinen Fingern und klopfte im Takt gegen das halbvolle Glas auf dem Tresen vor mir. Der Bar fehlte etwas. Und obwohl sie gut besucht war, fühlte ich mich einsam. Die Leute saßen an ihren Tischen, unterhielten sich miteinander, manche tanzten sogar. Aber mir war nicht zum Tanzen zumute. Mein Körper war regelrecht auf Entzug. Ununterbrochen musste ich auf Ihren leeren Platz schauen.

Würden Sie noch erscheinen? Wenn nicht, fänden Sie irgendwann hierher zurück? Was sollte ich nur ohne Sie machen? So peinlich mir jene letzte Frage auch ist, ich fürchtete, ein Stückchen meines Lebens verloren zu haben.

Sie müssen wissen, dass ich weder eine Beziehung zu einer anderen Frau teile, noch enge Freunde zu meinen Kontakten zähle. Ein einsames Dasein, welches seit meiner Jugend andauert und auf das ich nicht stolz bin.

Nach einem durchschnittlichen Abschluss eines verlängerten Informatikstudiums floh ich aus meiner Heimatstadt, in der Hoffnung mein Leben zu ändern. Ich wollte neu anfangen. Von vorne beginnen. Doch was ich nicht wusste, war, dass mich die Einsamkeit nie loslassen sollte. Sie haftete an mir wie Pech. Begleitete mich. So lange, bis ich Sie traf. Hier in dieser Bar.

Seit einigen Monaten verdiene ich nun mein Geld als Angestellter in einer IT-Firma. Mein Tag besteht hauptsächlich aus einem Monitor, auf den ich starre, und Befehlen, mit denen ich den Computer füttere. Quellcodes, abstrakte Gleichungen. Jeden Tag dasselbe. Alles muss logisch sein, einen Zweck erfüllen und dabei möglichst effektiv sein. Doch in diesen wenigen Minuten, die Sie stets in der Bar verbringen, scheint mir diese Logik aus meinem Alltag verschwunden. Ausradiert, weg, aus meinem Gehirn gelöscht. Um es in meiner Sprache zu sagen: Alle Daten sind formatiert. Sobald Sie aber Ihren Platz verlassen und ich wieder alleine bin, muss ich meine Festplatte neu bespielen. Irgendetwas an Ihnen wirft mich vollkommen aus der Bahn, auch wenn ich noch nie ein Wort mit Ihnen gewechselt habe. Wie kann nur der simple Anblick einer Frau eine solche Reaktion bewirken?

Während ich also an diesem Abend in der Bar saß und verzweifelt auf Ihre Ankunft wartete, stellte ich mein bisheriges Leben infrage. Mir fehlte etwas, das ich niemals besessen hatte. In diesem Augenblick pochte das Verlangen in meinem Herzen, mein Leben aufzuräumen. Es war das Gefühl, aus meinem eigenen Kopf ausbrechen zu müssen. Ich wollte aufstehen, in meine Wohnung stürmen, meine Kündigung schreiben. Sofort. Ja, ich wollte es. Ich wollte am morgigen Tag ins Büro treten und meinem Chef die Papiere vorlegen. Danach wäre ich in diese Bar gegangen und hätte Sie angesprochen. Diese Szenen spielten sich deutlich vor meinem inneren Auge ab, jedes Detail noch so klar. Doch zerbrach alles innerhalb einer Sekunde.

Sie erschienen.

Unbeschwert, mit demselben Gesichtsausdruck wie immer setzten Sie sich an die Theke und bestellten Whiskey on the rocks. Sie spielten mit einer Haarsträhne, schauten in Ihr Glas. Es schien, als wären Sie nie weg gewesen.

Plötzlich wusste ich, dass ich Sie gar nicht ansprechen wollte.

Nein, es wäre ein Fehler gewesen. Ihr leerer Platz hatte mich für einen Augenblick in blinde Panik gehüllt. Und nun, da ich Sie endlich wieder ansehen konnte, in Ihrer einstudierten Pose, mit diesem unvergleichlichen Blick in Ihren Augen, den Fingern am Glasrand, wurde es still um mein Herz. Als legte man mir in einer stürmischen Nacht eine wärmende Decke um die Schultern. In Ihrem Inneren wohnte etwas, das mir ein Rätsel blieb, und das sollte auch so bleiben. Wenn ich erfahren hätte, warum Sie hierher kommen, warum Sie diesen Blick besitzen, wäre ich sofort zurück in meine alltägliche Welt geschleudert worden. Eine Welt, in der alles methodisch aufeinander aufgebaut sein musste. Der Zauber wäre verpufft. Ich durfte Ihr Wesen nicht hinterfragen.

Warum ich Ihnen diese Sachen alle erzähle, fragen Sie sich? Nun, um es kurz zu machen, meine Firma versetzt mich in eine andere Stadt. Dies war somit mein letzter Tag, den ich in dieser Bar verbracht habe. Sie müssen wissen, nachdem Sie angefangen haben, diesen Brief zu lesen, habe ich die Räumlichkeiten verlassen. Ich wollte lediglich sicher gehen, dass meine Nachricht Sie erreicht. Aus diesem Grund hat es keinen Zweck, sich umzuschauen, ob ich noch an der Theke sitze. Ihre Reaktion auf diesen Brief soll mir somit ein Geheimnis bleiben. Egoistisch, finden Sie nicht?

Es war mir ein persönliches Anliegen, Ihnen dies alles mitzuteilen. Mein Anstand verlangte es von mir. Sie sollten erfahren, dass es jemanden gab, der Sie stets beobachtet und sich Gedanken um Sie gemacht hat, selbst wenn Sie davon nichts wussten. Es gibt immer Menschen, denen Sie nie begegnen werden, Sie aber trotzdem wahrnehmen und über Sie nachdenken, sei es auch nur für eine Sekunde.

Es tut mir leid, dass wir uns nie kennenlernen werden.

Leben Sie wohl.

Emilys Heimkehr

Andreas Kimmelmann

Auf dem Haus lagen dieselben unheimlichen Schatten wie vor 25 Jahren. Obwohl er noch nicht einmal das große Eingangstor zum Grundstück passiert hatte und es völlig windstill war, hatte Victor wieder den modrigen Geruch in der Nase, den er zuletzt als Siebenjähriger riechen musste. Ihn befiel sofort eine Gänsehaut und er war sich nicht mehr sicher, ob er es schaffen würde, das Haus zu betreten. Victor wusste nicht, was es war, das Emily und er damals gesehen hatten, aber das tragische Ende jener Nacht konnte er nicht vergessen.

Morgen Früh sollte alles ein Ende haben. Ihm war klar, was die Arbeiter morgen finden würden, wenn das verhasste Gebäude der Abrissbirne zum Opfer fiel. Danach konnte er endlich seinen Frieden mit sich machen.

»Ich verstehe nicht, warum du diese alte Bruchbude kaufen musstest«, machte Andrea ihren Unmut neben ihm Luft.

Sie gehörte zu der Sorte Ehefrauen, die grundsätzlich kein Verständnis zeigten und dies auch immer deutlich zur Schau stellen mussten. Victor war daran gewöhnt. Andrea brauchte nicht zu wissen, wie lange er auf diesen Moment gewartet und wie hart er gespart hatte, um sich dieses Haus leisten zu können. Um es dann zu vernichten.

»Du weißt doch«, sagte er, »sobald das Haus einmal abgerissen ist, ist das ein ideales Grundstück für ein Bürogebäude.«

»Da hätte es wirklich Bessere gegeben«, versetzte Andrea. »Außerdem hättest du das Grundstück deutlich billiger haben können, wenn du nur den Baugrund wolltest.«

Victor hörte nicht auf sie, sondern ging auf das Haus zu. Ohne die Arbeiter zu beachten, die auf dem Gelände herumschwirrten, betrat er es durch die morsche Eingangstür und lief den muffigen Flur entlang. Es zog ihn magisch zu dieser Stelle, denn dort war sie. Die Kellertreppe, die ihn so lange in seinen Albträumen verfolgt hatte. Der Geruch von Feuchtigkeit und Schimmel lag in der Luft und für einen Moment konnte Victor nicht einmal atmen. Er zweifelte daran, ob er Manns genug wäre, die Stufen in den Keller hinabzusteigen. Falls dieser überhaupt da wäre. Innerhalb dieser Wände war so etwas nie sicher.

Schließlich überwand er sich. Mit jedem Schritt wurde die Vergangenheit wieder lebendig. Er hörte sich und Emily lachen, wie damals, in ihrem letzten glücklichen Sommer. Gerade sieben Jahre alt waren sie gewesen. Nur, dass Emily nie die Chance bekommen hatte, älter zu werden.

Victor war am Fuße der Treppe angelangt. Als er den dunklen Gang entlangblickte, gefror ihm das Blut in den Adern. Da war sie. Die massive Eisentür, durch die Emily und er vor 25 Jahren in den unheimlichsten Raum dieses Hauses gelangt waren. Den Raum, den nur Victor wieder verlassen hatte.

Monatelang nach Emilys Verschwinden hatten ihrer beider Eltern, alle Nachbarn und die Polizei nach ihr gesucht; auch dieses Gebäude war von oben bis unten durchkämmt worden. Aber diese eine Tür hatte niemand gefunden. Sie erschien nur zu bestimmten Zeiten, so wie hier auch Räume, ja manchmal sogar Stockwerke verschwanden. Victor hatte sich oft gefragt, ob er und Emily einfach nur zur falschen Zeit am falschen Ort gewesen waren oder ob die Tür auf sie gewartet hatte. Er würde es nie mehr erfahren. Nicht, wenn er dieses verfluchte Haus dem Erdboden gleich machte und damit endlich die dunkelste Zeit in seinem Leben hinter sich ließ.

Morgen sollte die Tür keine Gelegenheit mehr haben, sich zu verstecken, ebenso wenig wie das Gewölbe hinter ihr. Der Abrissbirne entkam nichts und niemand. Doch graute ihm auch vor dem Gedanken, dass die Arbeiter morgen ihren schrecklichsten Fund machten. Gab es überhaupt noch etwas zu entdecken? Konnte man das Skelett eines siebenjährigen Mädchens nach 25 Jahren noch erkennen? Oder war es längst zu Staub zerfallen? Victor wusste es nicht und er wollte es auch nicht wissen. Hauptsache, die Sache fand endlich ein Ende.

Als er zur gegenüberliegenden Seite des Flures hinüberblickte, fuhr er entsetzt zurück. Im nächsten Moment schalt er sich einen Narren, gleichwohl ihm sein Herz bis zum Halse schlug. Für einen Moment hatte er tatsächlich geglaubt, Emily dort in der Ecke stehen zu sehen. Seine Emily, wie sie damals ausgesehen hatte, mit ihren hübschen blonden Locken und ihrem blauen Kornblumenkleid. Genau wie in der Nacht, in der sie gestorben war. Aber etwas an dem Bild, das ihm im Kopf herumspukte, stimmte nicht ... Sie hatte irgendetwas in der Hand gehalten, einen Gegenstand, mit dem er eine Erinnerung verknüpfte. Nur welche? Victor kam nicht darauf. Er wusste nur, dass er aus diesem Keller und aus diesem Haus raus musste, wenn er nicht Gefahr laufen wollte, den Verstand zu verlieren.

In dieser Nacht war ihm kein ruhiger Schlaf vergönnt. Er wälzte sich hin und her und wurde von Albträumen geplagt.

Er war wieder sieben Jahre alt und Emily wohnte im Nachbarhaus. Sie schlichen sich nachts heimlich raus, um das unheimliche Spukhaus zu besuchen, von dem sie so viele unglaubliche Geschichten gehört hatten. Ein alter Hexenmeister sollte dort einst gehaust und blutige Rituale vollzogen haben. Beide hatten sie Angst, aber gemeinsam wollten sie sie überwinden. Über das Tor waren sie im Nu geklettert, wobei Victor fast seine rote Baseballkappe verloren hätte. Die Eingangstür war damals schon morsch und leicht aufzudrücken gewesen. Sie gingen zuerst in die oberen Stockwerke, da deren Fenster von außen am unheimlichsten ausgesehen hatten. Jedoch wurden sie enttäuscht: Die Etagen waren völlig verlassen und waren zwar düster, aber nicht wirklich angsteinflößend. In den Keller wollten sie aus Furcht nicht, deswegen begaben sie sich hinunter ins Parterre, um das Haus auf schnellstem Wege wieder verlassen zu können. Zu ihrem Entsetzen aber fanden sie das Erdgeschoss nicht vor. Das gesamte Stockwerk schien sich in Luft aufgelöst zu haben. Als sie vom ersten Stock hinabstiegen, standen sie plötzlich mitten im Keller. Emily begann zu weinen und wollte nach Hause, aber Victor wurde von seiner Neugier gepackt. Vor allem aber hatte er etwas entdeckt. Eine schwere Eisentür, die aussah wie aus den alten Ritterfilmen, die er sich mit seinem Vater so gerne ansah. Kaum berührte Victor die Klinke, da öffnete sich schon die Tür und die Kinder blickten in ein Reich, das sie sich in ihren kühnsten Fantasien nicht hätten ausmalen können. Riesige, hohe Wände wie in einer Ritterburg, die gar nicht zur Kellerhöhe passten. Die gewaltigen alten Bücherregale, die bis zur Decke reichten. So viele dicke Bücher, die frei im Raum lagen, bedeckt mit Tonnen von Staub.

Sie nahmen an, dass das einst die Bibliothek des alten Hexenmeisters gewesen sein musste. Victor hatte noch nie zuvor eine Bibliothek besucht. Der durchdringende Geruch von altem Papier war neu für ihn. Zudem musste sich in diesem Raum mehr Staub befinden als in all den Häusern seiner Nachbarn. Sogar mehr als in dem von Frau Winzer, die fast nie putzte. Zumindest sagte seine Mutter das immer.

Inzwischen hatte die Neugier auch Emily ergriffen. Sie hob den dicksten Wälzer, der mitten im Zimmer lag, auf und öffnete ihn. In diesem Moment wirbelte ein plötzlich auftretender Wind den gesammelten Staub so auf, dass Victors Lunge zu schmerzen begann. Eine Sekunde später hörte er das bedrohliche Knarzen, das er danach nie wieder vergessen sollte. Das größte Bücherregal fiel in ihre Richtung. Victor schrie noch, Emily solle aufpassen, aber sie schien ihn nicht zu hören. Das nächste, was er sah, war, dass das Regal mit einem ohrenbetäubenden Knall auf den harten Marmorboden aufschlug und alles unter sich begrub, was vor ihm gestanden hatte. Inklusive Emily.

Victor konnte im ersten Moment gar nicht begreifen, was geschehen war. Er war nicht in der Lage, sich zu bewegen, nur ein Gedanke hämmerte in seinem Kopf: Emily! Das konnte nicht passiert sein. Sie war doch seine Freundin und sollte es immer bleiben. Was würden seine Eltern sagen, wenn sie erführen ... Seine Angst obsiegte. Er drehte sich um und rannte. Kaum war er wieder an der Kellertreppe angekommen, hörte er, wie die Eisentür hinter ihm zufiel. Als er sich jedoch umdrehte, war da keine Tür mehr. Nur noch eine alte, von Schimmel befallene Wand. Nun konnte ihn erst recht nichts mehr halten. Er lief die Treppe hinauf und hoffte, das Parterre würde wieder an Ort und Stelle sein. Es war da. Er beeilte sich, von diesem

Grundstück so schnell wie möglich zu fliehen, kehrte nach Hause zurück, wo er sich in sein Bett legte. Nie dürfte jemand erfahren, dass er mit Emily in diesem Haus gewesen war und somit Schuld an dieser Tragödie trug. Er würde dieses Geheimnis bewahren – für immer.

Victor wusste im Traum genau, wie es weiterging. Monatelang suchten sie nach Emily, auch ihn fragten sie immer wieder, ob er etwas wusste. Aber er schwieg beharrlich. Natürlich durchsuchten sie auch das Haus, von dem Emily immer so fasziniert gewesen war. Aber sie fanden nichts, nicht einmal die Tür, hinter der ihr Leichnam gefangen war.

Victor erwachte schweißgebadet aus seinem Traum. Er stand auf und ging ins Bad, um sich ein wenig Wasser ins Gesicht zu spritzen. Als er in den Spiegel blickte, blieb sein Herz fast stehen.

Emily sah ihm anstatt seines Spiegelbildes entgegen. Sie hielt denselben Gegenstand in der Hand wie am Nachmittag zuvor und nun sah Victor auch, was es war. Seine rote Baseballkappe, die er in jener Nacht getragen hatte.

»*Hilf mir*«, hauchte Emily, wobei der Spiegel von innen zu beschlagen schien. »*Wenn du das Haus einfach abreißt, wirst du mich für immer vernichten. Du musst mich vorher befreien.*«

Victor versuchte etwas zu sagen, aber er musste sich darauf konzentrieren, weiter zu atmen.

»*Bring sie mir mit*«, sagte sie und hielt die Baseballkappe hoch. »*Noch heute Nacht. Nur so kann ich frei sein.*«

Ein weiteres Mal fuhr Victor aus dem Schlaf hoch. Er blickte sich hektisch um, aber außer Andrea, die neben ihm schlief und seine Qualen nicht mitbekam, war niemand im Zimmer.

Nun ging er wirklich ins Badezimmer und blickte in den Spiegel. Keine Emily. Nur sein eigenes Spiegelbild mit gerötetem Gesicht und Schweißperlen auf der Stirn.

War das wirklich ein Traum gewesen? Es wäre verrückt, deswegen heute Nacht noch zum Haus zu fahren. Aber was, wenn er nicht geträumt hatte? Er war der Meinung, Emily tatsächlich in dem Keller gesehen zu haben, mitsamt seiner roten Baseballkappe. Konnte es wirklich sein, dass ihre Seele noch keine Ruhe gefunden hatte und sie immer noch in diesem dunklen Gewölbe herumspukte? Er glaubte eigentlich nicht an solche Sachen. Aber er hatte zu lange darauf gewartet, dieses Gebäude zu kaufen und zum Abriss vorzubereiten, nur um Emily Frieden zu verschaffen. Wenn sein Plan mit einem Fehler behaftet war, musste er ihn korrigieren. Heute Nacht würde seine letzte Möglichkeit sein.

Victor wollte gerade zur Garage hinunterlaufen, als ihm noch etwas einfiel. Die Baseballkappe! Emily hatte gesagt, dass er sie mitbringen solle. Seiner Meinung nach musste sie im Speicher sein. Er beeilte sich mit seiner Suche, um Emily nicht warten zu lassen. Wenn er dieses verrückte Unterfangen schon begann, wollte er es auch richtig machen. In einer alten Kiste hatte er Glück. Sie sah genauso aus wie vor 25 Jahren, wie in seinem Traum, als Emily sie ihm gezeigt hatte. Sogar der Knick im Schild war da. Victor seufzte. Nun also musste er sich der Vergangenheit stellen.

Es war etwa drei Uhr nachts, als er bei dem Haus ankam. Die Baustelle war leer, keine Menschenseele regte sich um diese Zeit. Er betrat das Gebäude und lief die Kellertreppe hinunter. Der Keller war da, ebenso wie die große Eisentür. Er zögerte noch einen Moment, dann drückte er den Türgriff herunter. Der Eingang zu dem Gewölbe öffnete sich mit einem dumpfen Knarren, das sich anhörte, als sei es meilenweit entfernt.

Die Bibliothek hatte sich seit 1986 nicht verändert. Dieselben Regale, dieselben Bücher, derselbe Staub. Das große Regal, das Emily damals getötet hatte, stand wieder an seinem alten Platz. Wer hatte es wieder aufgestellt? Es gab eigentlich nur eine Antwort: Seine Träume entsprachen der Wahrheit. Victor blickte sich zitternd um, als wüsste er schon, was er sehen würde. Als er es dann erblickte, ergriffen ihn Furcht und Scham gleichermaßen.

Emily stand in einer Ecke des Zimmers, wie in jener Nacht mit ihrem blauen Kornblumenkleid bekleidet. Ihre langen blonden Locken fielen ihr über die Schultern. In der rechten Hand hielt sie das Buch, das sie damals aufgehoben hatte. Sie sah genauso aus, wie Victor sie in Erinnerung gehabt hatte. Das siebenjährige Nachbarsmädchen, das er nie zu lieben aufgehört hatte.

»Es tut mir so leid, Emily«, krächzte er. Seine Stimme versagte. Dicke Tränen kullerten über seine Wangen.

»*Du hast ja das Regal nicht auf mich geworfen*«, sagte Emily mit ihrer warmen, freundlichen Stimme. »*Es ist schön, dich wiederzusehen.*«

»Es ist auch schön, dich wiederzusehen«, schluchzte Victor.

»*Wir haben nicht viel Zeit*«, mahnte Emily. »*Willst du mir helfen?*«

»Natürlich. Ich tue alles, um es wieder gut zu machen. Deswegen habe ich das Haus doch gekauft. Dass endlich dein Körper gefunden wird und du begraben werden kannst. Damit du Frieden findest.«

»*Gut, dass trotzdem niemand darauf gekommen ist, dass du damals mit mir hier warst und es nie erzählt hast, oder?*«, fragte Emily mit einem seltsamen Unterton.

Victor senkte den Kopf. »Du hast recht«, sagte er. »Ich war egoistisch, 25 Jahre lang. Aber jetzt will ich dir helfen.«

»*Du hast nur etwas nicht bedacht, Victor. Mein Geist ist schon viel zu lange hier drin gefangen. Er wird nicht befreit, nur weil ihr meinen Körper begrabt. Wenn du das Haus abreißt und mein Geist noch hier ist, bin ich für immer in diesen Trümmern gefangen.*«

»Das hab ich nicht gewusst!«, entgegnete Victor entsetzt.

»*Das weiß ich*«, sagte Emily sanft und lächelte. »*Aber du kannst deinen Fehler heute Nacht korrigieren.*«

»Wie? Sag es mir, ich werde es tun!«

Emily präsentierte ihm das Buch, das sie die ganze Zeit in der Hand gehalten hatte.

»*Das mächtigste Werk in dieser Bibliothek*«, sagte sie. »*Glaub mir, ich habe alle Bücher hier gelesen. Ich hatte viel Zeit dazu. Aber keines ist wie dieses.*«

»Steht da drin, wie ich deine Seele befreien kann?«

»*Ja. Es ist ein Ritual. Ich brauche dazu die Person, die hier war, als der Raum mich zu seiner Gefangenen gemacht hat.*«

»Was benötigst du dafür von mir?«

»*Nimm die Kreide, die dort auf dem Regal liegt und male damit einen Kreis auf den Boden. Groß genug, dass wir beide darin stehen können.*«

Victor gehorchte.

»*Nun brauche ich etwas, das du damals getragen hast.*«

»Meine Baseballkappe«, sagte Victor und zeigte sie ihr.

»*Leg sie in die Mitte des Kreises.*«

Er tat wie ihm geheißen.

»*Jetzt ist noch etwas von deinem Körper von Nöten. Am besten ein Büschel Haare.*«

Ohne zu zögern griff Victor sich in die Haare und rupfte mit zusammengebissenen Zähnen ein kleines Büschel heraus. Er legte es neben die Baseballkappe und blickte Emily fragend an. Ihre geisterhafte Erscheinung riss sich selbst eine Locke aus und platzierte sie neben Victors Haaren und seiner Kappe.

»*Zuletzt noch etwas, das ich in jener Nacht angehabt habe*«, sagte sie und wanderte in eine andere Ecke des Raumes.

Mit Grausen sah Victor, dass dort ein menschliches Skelett lag. Das eines Kindes. Emilys Körper. Das einstmals blaue Kornblumenkleid lag vermodert auf den alten Knochen. Als Kind hatte sie so hübsch darin ausgesehen, es so zu sehen, verursachte Victor Qualen. Neben Furcht und Scham befiel ihn nun auch eine Traurigkeit, die ihm das Herz zu zerreißen drohte. Emily jedoch zeigte weniger Gefühle, sondern zog dem Skelett das Kleid aus und kam wieder auf Victor zu. Sie legte es in den Kreidekreis.

»*Damit hätten wir alles*«, sagte Emily. »*Jetzt gibt es nur noch uns.*«

Sie trat in den Kreidekreis, Victor folgte. Nunmehr öffnete

Emily das Buch und riss der Reihe nach drei Seiten heraus. Sie ordnete sie in einem Dreieck über den Gegenständen an, die zwischen ihnen lagen. Victor sah, dass seltsame Zeichen auf ihnen geschrieben standen. Sie sahen so ähnlich aus wie die Schrift in einer Dokumentation über die Mayas, die Victor einige Tage zuvor ihm Fernsehen gesehen hatte. Sie waren in einem kräftigen, dunklen Braun geschrieben, das fast aussah wie getrocknetes Blut.

Dann hob Emily das geöffnete Buch mit beiden Händen an, murmelte etwas in einer fremden Sprache, die entfernt dem Französischen zu ähneln schien, und schlug das Buch zu.

Auf das, was als Nächstes passierte, war Victor nicht gefasst. Eine smaragdgrüne Stichflamme schoss aus den am Boden liegenden Buchseiten hervor und bahnte sich ihren Weg bis zur Decke. Ein ohrenbetäubendes Sausen ertönte, sodass Victor meinte, sein Trommelfell müsse zerplatzen. Das grüne Feuer wirbelte nun in kreisenden Bahnen um sie her, aber die Flammen waren nicht heiß. Sie waren eiskalt.

Entsetzt wollte Victor zurücktaumeln, aber er konnte den Kreis nicht verlassen.

»*Hab keine Angst!*«, brüllte Emily durch die lauten Geräusche der Flammen. »*Es ist gleich vorbei!*«

Victor glaubte ihr. Aber etwas musste er ihr noch sagen.

»Bevor deine Seele diese Welt verlässt, wollte ich dir noch einmal sagen, wie leid mir das von damals tut!«, schrie er, um das Sausen zu übertönen. »Aber ich dachte, ich könne nichts mehr tun, nachdem das Regal dich erschlagen hatte!«

»*Du irrst dich, Victor! Ich war nicht tot! Ich kam wieder aus dem Regal hervor und habe noch tagelang mit meinen schweren Verletzungen überlebt! Ich bin hier unten elendig verhungert! Hättest du nur einem von diesem Keller erzählt, wäre ich vielleicht noch gerettet worden!*«

»Was? Aber … aber das wusste ich doch nicht! Ich …«

»*Du hast nur an dich gedacht, ich weiß! Dafür wirst du nun bezahlen, Victor!*«

Im nächsten Moment wurde er von einem stechenden Schmerz, der seinen ganzen Körper durchlief, befallen. Er schrie vor Pein und Entsetzen. Einen Moment lang dachte er noch, es könne alles gut werden, denn er sah, dass Emily lächelte. Dann erst bemerkte er, dass es nicht das Lächeln eines Mädchens war, das Frieden gefunden hatte. Es war das Lächeln einer Furie, die Rache nahm. Nie hätte er für möglich gehalten, so viel Hass und Häme im Gesicht seiner geliebten Emily zu sehen. Nun wusste er, dass er verloren war.

»Endlich kommt das hässliche Ding weg«, bemerkte Andrea befriedigt, als die Abrissbirne am nächsten Tag ihren Dienst tat.

»Irgendwie werde ich das Haus vermissen«, meinte ihr Ehemann neben ihr. »Ich hab es fast ein bisschen lieb gewonnen.«

»Sag mal, spinnst du?«, fragte Andrea. »Was ist denn mit dir heute los?«

»Ich weiß nicht«, sagte Emily und setzte mit Victors Gesicht eine Unschuldsmiene auf. »Ich bin wohl heute einfach nicht ich selbst.«

Sie zuckte die Schultern, was ihr noch ein wenig schwer fiel. Es war ungewohnt für sie, im Körper eines 32-jährigen Mannes zu stecken. Wenn man nur einen Kleinmädchenkörper und ein Vierteljahrhundert lang Körperlosigkeit gekannt hatte, gab es viel Neues zu entdecken.

Das Ritual war genauso verlaufen, wie sie gehofft hatte. Gut, dass Victor so vertrauensselig gewesen war. Hätte er gewusst, wie es ausgehen würde, wäre er wohl nie in die Bibliothek zurückgekehrt. Aber sie konnte Victor noch immer spüren. Seine Seele schrie aus den Trümmern des alten Hauses empor, genauso wie es ihr Geist heute getan hätte, wenn die Zeremonie nicht geglückt wäre. Nun aber konnte sie ein neues Leben beginnen. Es war ihr egal, dass ihr Skelett gefunden würde. Sie freute sich darauf, in Victors Körper auf ihre eigene Beerdigung zu gehen, literweise Tränen zu vergießen und ihren eigenen Eltern ihr

Beileid auszusprechen. Danach wollte sie sich von dieser unsäglichen Person, die da neben ihr stand, scheiden lassen und irgendwo neu anfangen.

Emily lächelte. Genau wie Victor hatte sie 25 Jahre gewartet, um ihren Frieden zu finden. Endlich hatte sie ihn gefunden. Wiedergutmachung mochte Victors Methode gewesen sein, um mit sich ins Reine zu kommen. Ihr Ziel war Rache gewesen. Nun war sie am Ende des Weges angelangt. Nun war sie frei.

»Komm, lass uns ein Eis essen gehen«, sagte sie zu Andrea.

»Ein Eis?«, fragte Andrea und sah ihren Mann an, als habe er den Verstand verloren. »Seit wann magst du Eis?«

»Ich habe heute Appetit darauf«, meinte Emily. »Mir kommt es vor, als hätte ich schon ein Vierteljahrhundert kein Eis mehr gegessen.«

Einen Schritt voraus
Vera Martin

»Ach, komm schon. Die Idee ist phantastisch.« Tiana lächelte. Sie lächelte auf eine Weise, die es Sky unmöglich machte, zu widersprechen.

Jedenfalls beinahe. »Die Idee ist Schrott!«, beharrte er, musste aber feststellen, dass sich seine Füße bereits in Bewegung gesetzt hatten. Wütend warf er einen Blick hinab. *Verräter!*

Tiana hingegen war sichtlich zufrieden mit sich. Sie faltete die Hände hinter dem Kopf zusammen und lachte. »Meine Güte. Ihr Kerle habt immer so eine große Klappe. Aber sobald tatsächlich etwas von euch verlangt wird, kneift ihr.«

»Ich kneife überhaupt nicht!« Er merkte selbst, dass er eine Spur zu schroff klang, doch ihre Gelassenheit ärgerte ihn einfach zu sehr, um ruhig zu bleiben. Es war ja wohl ein Unterschied, ob man ohne Einladung in die Party eines Fremden reinplatzte oder ob man ohne Einladung in die Party eines Dämons reinplatzte. Sky machte sich da nichts vor. Das war Selbstmord! Er nahm es Tiana deshalb übel, dass sie weiterhin so fröhlich war. Immerhin spielte sie auch mit seinem Leben.

Sie waren beide Kleriker. Deshalb kannten sie sich aus mit Geistern, Dämonen und jenen Erscheinungen, die für andere als unerklärlich galten. Sie hatten ihre Ausbildung beinahe abgeschlossen und waren ein gutes Team. Das Einzige, das ihnen noch fehlte, war ein Begleiter. Jeder Kleriker hatte mindestens einen Dämon an seiner Seite, der ihn unterstützte. Der Ausspruch, den Teufel mit dem Beelzebub austreiben, kam nicht von ungefähr. Nur hatte Tiana leider einen Dämon im Auge, den selbst die erfahrensten Kleriker mieden.

Seufzend startete Sky einen letzten Versuch, an ihre Vernunft zu appellieren – obgleich das in all den Jahren, die sie sich nun schon kannten, nie etwas gebracht hatte. Wenn Tiana sich etwas in den Kopf gesetzt hatte, dann ließ sie sich nicht mehr davon abbringen. »Wir können doch erstmal klein anfangen. Im Wald in der Nähe des Baches sollen sich auch Dämonen herumtreiben.«

Tiana stieß abfällig die Luft aus der Nase aus. »Wahrscheinlich ein Klabautermann!«

»Quatsch. Die gibt es doch überhaupt nicht.«

»Dann weißt du ja, was wir im Wald in der Nähe des Baches finden werden. Nichts!«

Nichts! Sky konnte nicht anders, als ihre letzte Bemerkung lautlos nachzuäffen und verzog das Gesicht zu einer Grimasse. *Alte Meckerziege!*

»Du musst gar nicht so gucken!«

Und dass sie immer wusste, was er dachte, auch ohne hinzusehen, war überhaupt das Schlimmste. »Wo soll diese Party denn überhaupt stattfinden?«, fragte er mürrisch und vergrub die Hände in seinen Hosentaschen. Und weil das Leben überhaupt ungerecht war, trat er nach einem Stein, den er prompt verfehlte. Er warf einen eisigen Blick über die Schulter. *Dich merk ich mir!* Oder waren das etwa schon wieder seine Füße gewesen, diese Verräter?

»Sky, Konzentration!«

Er konzentrierte sich. Zumindest versuchte er es.

»Ich habe mich umgehört. Der Dämon, den wir suchen, befindet sich im Bellarit. Das ist unser Ziel.«

»Das Bellarit?«

»Genau.«

Ihm war, als fiele ihm ein Stein vom Herzen. Das Bellarit war nicht nur extrem extravagant, sondern auch außerordentlich exklusiv. Es war also vollkommen ausgeschlossen, dass sie hineingelassen wurden. Und da Tiara niemand war, der freiwillig auch nur eine Minute wartete, würde sie bestimmt nicht die halbe Nacht auf der Straße durchhalten, nur um irgendeinen Dämon für sich zu gewinnen.

Endlich ein bisschen Glück!

Der Türsteher des Bellarit türmte sich vor ihnen auf wie ein Gebirge. Er schien nur aus Muskeln zu bestehen und war so unauffällig wie ein Gorilla im Smoking sein konnte. Der Blick, den er ihnen beiden zuwarf, war alles andere als ermutigend. Wäre in diesem Moment nicht absolute Coolness angebracht gewesen, hätte Sky sicher gelacht. Er spürte jedoch, wie ihm jedes Amüsement in der Kehle stecken blieb, als Tiana begann mit geradezu lasziver Trägheit, ihren Mantel aufzuknöpfen.

Der Türsteher war zu sehr Profi, um sich davon beeindrucken zu lassen. Imponierender Weise blinzelte er kein einziges Mal. Dann streifte Tiana den Mantel von ihren Schultern. Das Kleid, das sie darunter trug, schimmerte, als sei es aus reinem Gold gemacht.

Sky spürte, wie sein Mund aufklappte, war jedoch unfähig, etwas dagegen zu tun. Tiana war für ihn immer hübsch gewesen, doch bisher hatte er sie nur in legerer Kleidung gesehen. Jetzt in diesem Kleid, mit diesen vor Entschlossenheit unheimlich glühenden Augen war sie seine Göttin. Er glaubte nicht, dass sie noch schöner sein könnte.

Sie bewies ihm das Gegenteil, indem sie ihr Haarband abstreifte, woraufhin sich ihr blondes Haar in sanften Wellen über ihre Schulter ergoss.

Urplötzlich hatte Sky das dringende Bedürfnis, sich zu setzen. Tiana war gefährlich nah dran, ihm den Boden unter den Füßen wegzuziehen.

Tiana bemerkte von seiner Misere freilich nichts. »Wir werden erwartet«, hauchte sie. Dann kam das Lächeln.

Die Miene des Türstehers blieb unverändert. Und obwohl Sky immer noch vom Anblick seiner Partnerin verzaubert war, war er doch froh, dass es dem Schwergewicht vor ihnen nicht so erging. Sie war immerhin erst sechzehn. Sie war noch nicht alt genug, um einen Türsteher um den Finger zu wickeln …

Einen Moment später hob der Hüne den Daumen über seine Schulter. »Okay, du kannst rein.«

Sie war schon halb an ihm vorbei, als Skys Magen zarte Bekanntschaft mit der Hand des Türstehers machte. »Du nicht, Kleiner. Du bist doch höchstens zwölf.«

Sky spürte, wie Wut in ihm hoch kochte. Er war sogar sechs Wochen älter als Tiana! Warum bemerkte das bloß niemand?!

Er sah zu ihr hinüber und nickte zurück auf die Straße. Wenigstens konnten sie jetzt nach Hause gehen.

Tiana fuhr sich lässig durch die Haare - und betrat das Gebäude. Allein. »Es wäre unhöflich nicht wenigstens hallo zu sagen.«

»Tiana!« Er wollte ihr nachsetzen, doch die Hand des Türstehers zeigte sich auch dieses Mal unerbittlich.

»Prob hier keinen Zwergenaufstand, klar?«

»Wie käme ich denn dazu?«, erwiderte Sky sarkastisch und machte auf dem Absatz kehrt. Sie hatten sich für solche Fälle immer einen Plan zurechtgelegt. Es störte ihn bloß, dass er es war, der sich heimlich irgendwo hineinschleichen musste.

Er umrundete das Gebäude und fand schließlich, was er suchte: Eines der Schiebefenster stand offen.

Mit einem Sprung bekam er den Rahmen zu fassen, zog sich behände daran in die Höhe und durch die Öffnung. Geschmeidig wie eine Raubkatze landete er in dem Raum innerhalb des Gebäudes. Nur dass er sich nicht, wie erwartet, in einer der Toilettenkabinen befand, sondern in dem Wartebereich davor. Und er war nicht allein. Zwei Frauen standen vor den Spiegeln. Eine während des Schminkens mitten in der Bewegung erstarrt, die andere amüsiert lächelnd. Entweder kletterte regelmäßig irgendjemand durch das Fenster oder die beiden waren bloß abgebrüht, in jedem Fall – und das war die Hauptsache – schrie keine von ihnen. Peinlich war es Sky trotzdem.

Mit einem unsicheren Räuspern schloss er das Fenster. »Meine Damen, sie sehen hinreißend aus«, verkündete er, während er um Haltung bemüht an den beiden Frauen vorbeistolzierte und den Raum verließ. Vor der Tür wartete Tiana bereits auf ihn und konnte sich vor Lachen kaum aufrecht halten. Wie gewöhnlich sah man es ihr nicht an. Nur wer sie wie Sky kannte, wusste, dass sie kurz davor stand zu platzen. »Sehr elegant.«

»Halt bloß die Klappe!«

Da er wusste, dass sie ihm keine Atempause gönnen würde, warf Sky gleich einen raschen Blick in die Runde. Der Raum, in dem sie sich befanden, war nahezu leer, bis auf die statuenhaften Gäste, die mit gelangweilten Mienen beieinander standen, ohne auch nur einen Blick auf die zahlreichen Fische zu verschwenden, die silbrig glänzend unter dem gläsernen Fußboden dahinglitten. Ein kleines Wunder, vergeudet an dutzende Menschen, deren Augen und Lachen so leer wirkten wie das von Schaufensterpuppen. Irgendwo in Skys Hinterkopf blinkte ein Warnlicht auf. Ein Dämon allein konnte eigentlich keinen so starken Einfluss auf mehrere Menschen haben. »Noch können wir wieder gehen«, wisperte er, doch Tiana hörte ihm nicht einmal zu. Stattdessen griff sie nach seiner Hand und zog ihn durch das benachbarte Zimmer, das mehr Garten war als Wohnraum. In jeder Ecke, an jeder Wand, überall standen, hingen oder rankten exotische Pflanzen. Selbst um das Geländer der steinernen Treppe, auf die Tiana zielstrebig zuhielt, schlangen sich grüne Triebe.

»Oben soll es ein Separee geben, in dem er sich aufhält.«

»Das klingt gar nicht gut, wenn du mich fragst.«

»Sei jetzt nicht beleidigt, aber-«

»- du fragst mich nicht, schon klar.« Er seufzte. »Versprich mir nur, dass du nichts ohne mich unternimmst.«

Er spürte, dass sie widersprechen wollte und packte deshalb ihr Handgelenk. Er stoppte mitten im Schritt und zwang sie so, ebenfalls stehen zu bleiben.

Sie schenkte ihm einen überraschten Blick, den er ernst erwiderte. »Ich bin dabei. Du weißt, dass ich dich niemals hängen lassen würde. Aber ich schwöre dir, wenn du dich ihm allein nähern willst, dann schleife ich dich hier raus. An den Haaren wenn es sein muss«, fügte er hinzu. Seine Hand tastete wie von selbst nach einer blonden Strähne.

Tiana musterte ihn noch eine ganze Weile, ehe sie nickte. »Versprochen.«

Sky wusste, dass er sich immer auf ihr Wort verlassen konnte.

Sie erreichten das Ende der Treppe und einen Gang, von dem mehrere Räume abzweigten. Nur eine der Türen war verschlossen. Davor erwartete sie ein weiterer Gorilla im Anzug, der auf den ersten Blick der Zwillingsbruder des anderen hätte sein können. Auf den zweiten Blick war er jedoch eine Frau und sicherlich dazu abgestellt, den Eingang des Separees zu bewachen.

»Und was jetzt?« Sky hatte sich bereits damit abgefunden, dass sie nicht einfach nach Hause gehen würden. Aber er war sich auch sicher, dass man sie diesmal nicht ohne Weiteres vorließ.

Warum er sich ständig irrte, war ihm selbst ein Rätsel.

Die Türsteherin maß sie mit einem durchdringenden Blick und hob schließlich eine Augenbraue. »Ihr seid das also. Das mag jetzt nach Klischee klingen, aber ich dachte, ihr wärt älter.«

»Ja, das klang jetzt wirklich nach Klischee«, erwiderte Tiana leichthin. Sie verschränkte die Arme vor der Brust. »Dein Herr erwartet uns also?«

»Das tut er. Allerdings ist er nicht mein Herr. Ich arbeite hier nur aushilfsweise.« Ohne sich umzudrehen, hämmerte die Frau mit der Faust drei Mal gegen die geschlossene Tür in ihrem Rücken, ehe sie die Klinke hinunterdrückte und den Weg freigab. »Viel Vergnügen, Kinder.«

Tiana ging voraus. Sky folgte ihr und musste gleich darauf ein Schaudern unterdrücken. Vor ihnen erstreckte sich ein türloser Gang mit schmutzig roten Wänden, die in ein dräuendes Zwielicht führten und schließlich in der Dunkelheit verschwanden. Die Luft war unbewegt und staubig wie in einer Gruft. Erschreckend passend, wenn man bedachte, wer dort in den Schatten auf sie wartete.

»Ich habe die Türsteherin zuerst für einen Mann gehalten«, sagte Sky in dem Versuch, die unheimliche Stille zu vertreiben. Der Boden bestand zwar aus Holz, dennoch verschluckte er jeden ihrer Schritte.

»Auf den ersten Blick habe ich sie für einen Menschen gehalten«, entgegnete Tiana. Sie ließ ihre Hand an der Wand entlang gleiten und hatte ihren Blick konzentriert nach vorn gerichtet.

»Ja. Aber dass sie ein Dämon ist, hat mich weniger überrascht.« Tiana lachte leise und nur ein paar Schritte weiter blieb sie plötzlich stehen. Sie drehte sich zur Wand und klopfte dagegen. »Hier müssen wir durch.« Sie machte eine auffordernde Geste und trat zur Seite. »Dein Typ ist gefragt. Einmal mit dem Kopf durch die Wand bitte.«

»Natürlich. Die Drecksarbeit darf ich erledigen.«

»Natürlich«, bestätigte Tiana mit neckischem Grinsen und zupfte demonstrativ an ihrem Kleid. Sie musste nicht einmal etwas sagen. Ein Blick mit gesenktem Kopf durch ihre vollen Wimpern reichte vollkommen. Außerdem war Sky insgeheim froh, dass er endlich etwas beitragen konnte. Tiana hatte viele Talente, Mauern einzureißen, gehörte jedoch nicht dazu.

Er spürte es bereits, noch bevor seine Fingerspitzen das Mauerwerk berührten. Als Kleriker besaßen sie keine richtigen Zauberkräfte, doch war es ihnen möglich, die Energien ihrer Gegner zu lenken und zu verwenden. Umso stärker der Gegner, umso mehr Kraft stand auch dem Kleriker zur Verfügung. Allein mit dem, was in diesem falschen Stück Mauer steckte, hätte Sky das ganze Gebäude niederreißen können. Was auch immer da auf der anderen Seite auf sie wartete, es besaß erschreckend viel Macht.

Sky spannte sich. Er atmete tief ein und presste seine Faust gegen die Wand. Er hielt den Atem an. Eine, zwei Sekunden. Dann riss er den Arm hinunter und die Mauer folgte seiner Geste. Wie ein Turm aus Bauklötzen fiel sie in sich zusammen und die Steine lösten sich in ihre Bestandteile auf. Nicht einmal Staub blieb zurück, dafür eine saubere rechteckige Öffnung, in der unverschämt passend eine Tür steckte.

»Oh, er hat Humor«, sagte Sky spitz und legte die Hand an das dunkle Holz. Nichts. »Und was jetzt? Da drin steckt keine Energie, die ich nutzen könnte.«

Tiana trat einen Schritt vor und klopfte zweimal. Sie schmunzelte spöttisch, als die Tür kurz darauf aufschwang, sagte jedoch nichts.

Das Zimmer, das sie nun betraten, war geschmackvoll aber gemütlich eingerichtet. Kein Kerker, wie Sky insgeheim erwartet hatte. In der Mitte stand ein kleiner, runder Tisch mit zwei Sesseln davor und zu ihrer rechten erhob sich ein Kamin, in dem ein rauchloses Feuer brannte. Im hinteren Teil des Raumes verlief eine Theke aus poliertem Holz, vor der vier langbeinige Hocker standen und hinter der sich wohl eine Bar befand. Ebenso wie ein Mann, der sich just in diesem Moment aufrichtete. Er trug ein Hemd, dazu eine mit Ornamenten verzierte Weste und konnte kaum älter sein als Mitte zwanzig. Mit einem Geschirrtuch polierte er ein dickbauchiges Glas. »Hallo ihr zwei. Wollt ihr etwas trinken?« Sein Lächeln war ungemein sympathisch.

Es bestand kein Zweifel daran, dass der Mann kein Mensch war. Und urplötzlich wusste Sky, womit sie es zu tun hatten. Ein Teil von ihm, hatte es schon vorher gewusst. Ein Dämon war nicht in der Lage, eine ganze Gruppe von Menschen unter seine Kontrolle zu bringen. Ein Teufel schon.

Sky spürte, wie sich etwas in seinem Bauch zusammenballte. Sie waren so gut wie tot. Ein Kampf würde nichts bringen. Es half nichts, Gewalt gegenüber einem Teufel anzuwenden, denn so gesehen, waren sie selbst die Gewalt. Sein erster Impuls war es, Tiana zu schnappen und abzuhauen. Sein zweiter, sich zumindest schützend vor sie zu stellen. Da er sich nicht bewegen konnte, fiel ihm jedoch beides schwer.

Bisher hatte der Mann nicht direkt in ihre Richtung gesehen, doch als keiner von ihnen antwortete oder auch nur Anstalten machte, sich zu rühren, hob er den Blick. Seine Augen waren wie die eines Gemäldes, durchdringend und zur selben Zeit auf sie beide gerichtet. »Nun bleibt da nicht wie angewurzelt stehen. Ich war ehrlich froh, als ich hörte, dass ich Besuch bekomme. Gerade von zwei Klerikern.« Er klang eher belustigt als wütend. »Ich dachte schon, die Langeweile bringt mich um. Kommt. Setzt euch.«

Im Nachhinein wusste Sky nicht einmal mehr, wie er zu dem Hocker gelangt war. Ein Blick in Tianas Gesicht zeigte ihm, dass es ihr ebenso erging. Sie saßen an der Theke, jeder von ihnen hatte ein Glas mit einer leuchtend gelben Flüssigkeit vor sich, an dessen Rand jeweils ein Ananasring steckte sowie eine Glitzerpalme und ein Cocktailschirmchen.

Ihr Gastgeber hatte das Geschirrtuch zur Seite gelegt und lehnte mit dem Rücken an der Anrichte. »Also? Was kann ich für euch beide tun? Ich nehme ja nicht an, dass ihr nur gekommen seid, um euch ein bisschen zu unterhalten.«

Sky versuchte auf die Worte des Fremden zu reagieren. Er wollte antworten, doch er fühlte sich seltsam eingelullt. Seine Gedanken bewegten sich in seinem Kopf wie durch Watte. *Alles ist gut. Du bist unter Freunden und hast die Zeit deines Lebens. Trink einen Schluck.*

Er nahm einen Schluck aus seinem Glas. Fruchtig und nicht zu süß. Perfekt.

Er war in seinem ganzen Leben noch nie so entspannt und rundherum zufrieden gewesen.

Sein neuer Freund strahlte sie auch weiterhin mit seinem einnehmenden Lächeln an und lachte sogar, als er Tiana betrachtete. Sky folgte seinem Blick.

Tiana sah alles andere als entspannt aus. Ihre Hände waren zu Fäusten geballt, so fest, dass ihre Fingerknöchel weiß hervorstachen.

»Und da heißt es immer, Frauen seien leicht zu beeinflussen«, sagte ihr Gegenüber freundlich.

Tiana zuckte nicht einmal mit der Wimper. »Ach, heißt es das?«

»Ja.« Seine Hand legte sich um Tianas Unterarm, ohne dass er den Blick von ihrem Gesicht abwandte. Ein flüchtiger Schatten huschte über seine Miene, ehe er die Hand eine Spur zu schnell zurückzog. »Warum bist du hier?« Seine Stimme war wie Eis.

Vielleicht war das auch der Grund, warum Sky allmählich wieder zu sich kam – das und der Umstand, dass er vollkommen ignoriert wurde. »Wir wollen dich als unseren Gefährten.«

Der Fremde sah nicht einmal in seine Richtung. »Das ist absurd.«

»Aber ...«

»Du beginnst mich zu langweilen, Junge. Und du ...«, er wandte sich wieder an Tiana, »solltest nicht versuchen, einem Teufel in den Kopf zu sehen. Das ist gefährlich.«

Trotz dieser offensichtlichen Drohung blieb die Angesprochene ruhig. »Es kommt niemand anders in Frage. Ich habe gefühlt, was die Dämonen gefühlt haben und...«

»Und?«

»Ich hatte Mitleid.«

»Und mit mir hast du kein Mitleid?«

Tiana schwieg.

Klerikerinnen galten als besonders einfühlsam. Gerade deshalb war es ihnen möglich, Dämonen nicht bloß von der Welt zu tilgen, so wie Kleriker es taten, sondern sie zu läutern. Und geläuterte Dämonen erstanden in der Regel nicht wieder auf. Tianas Empfinden war mit einfachem Mitgefühl jedoch nicht mehr zu vergleichen. Wenn jemand weinte, weinte sie mit. Ihr war deshalb oft vorgeworfen worden, sich in den Mittelpunkt zu drängen. Sky wusste es besser. Das Leid anderer tat ihr aufrichtig weh.

»Deshalb sind Klerikerinnen so gefährlich«, sagte der Teufel. Er schnalzte abfällig mit der Zunge. »Ihr habt eine Schwäche für böse Jungs. Und wollt retten, was nicht zu retten ist.«

Tiana nickte. »Ja, vielleicht. Aber ich fühle, dass es dir nicht unangenehm wäre, wenn ich es auf einen Versuch ankommen lasse.«

Ein Zucken verlief um die Mundwinkel ihres Gegenübers. Seine Lippen zogen sich zurück, wie bei einem Tier, das drohend die Zähne bleckte. »Zu vorhersehbar.«

Sky spannte sich. Die ganze Situation schrie nach Kampf. Auch wenn er nicht glaubte, eine Chance zu haben, er musste Tiana hier rausschaffen, das war das Wichtigste. Feuer mit Feuer bekämpfen. Noch ein Spruch, der nicht von ungefähr kam.

Er erhob sich langsam.

Tiana setzte dazu an, etwas zu entgegnen und legte schließlich den Kopf schräg. »Wie heißt du überhaupt?«, erkundigte sie sich.
Nun zeigte sich erstmals so etwas wie Verwunderung auf dem Gesicht des Teufels. »Leopold.«
Sky konnte nicht anders, als wenigstens überrascht zu blinzeln.
»Leopold.« Tiana machte eine ernste Pause. Allein die Art, wie sie seinen Namen aussprach, weckte den Gedanken an Hochzeitsglocken und Sahnetorte. »Willst du... unser Gefährte werden?«
Für einen Moment sah Leopold regelrecht verwirrt aus, doch dann stahl sich ein Lächeln auf sein Gesicht. Eines der freundlichen Ausfertigungen. »Warum nicht.«
»Aber eben hast du noch gesagt, das wäre ausgeschlossen!«, rief Sky aus.
»Ich sagte, es sei absurd und das ist es auch. Aber deine Freundin ist interessant. Außerdem hast du mich nicht *gefragt*, oder?«
»Sky würde nicht einmal nach dem *Weg* fragen, wenn er unterwegs nach Berlin in Hamburg gelandet wäre«, flüsterte Tiana gerade laut genug, damit auch jeder sie hören konnte. Sie war sichtlich vergnügt. Was Sky trotz allem verstehen konnte. Dämonen waren als Begleiter eine Häufigkeit, Engel waren selten. Aber ein Teufel, das hatte es bisher noch nie gegeben.
»Woher wusstest du, dass ich euch nichts tun würde?«, erkundigte sich Leopold.
»Weibliche Intuition.« Tiana nippte lächelnd an ihrem Cocktail. »Ich dachte, fragen kostet ni- Iiiiieh!« Mit einem spitzen Schrei fuhr sie in die Höhe. Sie stürzte herum und versteckte sich hinter Sky. Im Sekundentakt klopfte sie mit der Hand gegen seinen Rücken, während sie mit der anderen in der Luft herumwedelte. »Da! Daa!«
Er musste zweimal hinsehen, um sie zu bemerken. Eine kleine, schwarze Lebensform auf acht Beinen. Geradezu winzig.
Sky grinste. Tiana konnte es mit allen Dämonen dieser Welt aufnehmen und fürchtete nicht einmal den Teufel. Gegen eine harmlose Spinne aber war sie vollkommen machtlos.
Vielleicht war das Schlimmste daran jedoch, dass er sich in sol-

chen Momenten wie ein Held fühlte.

Er trat einen Schritt vor und schloss seine Hand um die Spinne, nur um im nächsten Moment festzustellen, dass da nichts weiter war, als ein Flecken dunklen Rauches.

Dann sah er hinüber zu Leopold. Sein Lächeln war geradezu … teuflisch. »Mädchen«, sagte er nur und hob die Schultern.

Sky nickte lachend.

Wunderschönes Mädchen

Sophie Seifert

Lora schminkte sich die Augen schwarz. Mit ruhiger Hand zog sie einen feinen, akkuraten Strich auf jedem ihrer Lider, direkt hinter dem Ansatz der Wimpern. Sie führten auf beiden Seiten ein Stück über das jeweilige Lid hinaus und beschrieben einen angedeuteten Bogen, der hinauf zu den sorgfältig gezupften Brauen deutete, sie aber nicht erreichte. Auch unter dem Auge zog sich je eine makellose Linie leicht gekrümmt in diese Richtung. Anmutig waren die langen Wimpern geschwungen, in ihrem Volumen ebenfalls von Schminke unterstützt. Die Iris selbst war schlohweiß und hob sich kaum vom restlichen Augapfel ab. Nur die Pupille war als ein stecknadelkopfgroßer, schwarzer Punkt zu sehen.

Gruselig? Sicher! Aber Lora liebte *dieses* Schaurig-Schöne. Die Faszination am Unheimlichen, am Hässlichen, Morbiden und auch am Grausamen.

Lora hielt inne und betrachtete ihr Spiegelbild. Ihr schwarzes Haar fiel bis auf die Schultern und umrahmte ihr blasses Gesicht wie ein Vorhang ein Fenster, durch das man auf eine Schneelandschaft blickt. Es umschmeichelte in sanften Wellen ihre Wangen und einzelne Strähnen kitzelten ihr Kinn. Viele beneideten Lora um ihre dicken, vollen und wunderschönen Haare, die so schwungvoll fielen, so locker und leicht wirkten und ein so hübsches Mädchen aus ihr machten.

In Loras Vorstellung trat eine alte Frau neben sie. Lora sah sie durch den Spiegel hindurch an und wartete regungslos.

»Opa hat die alten Fotoalben aus dem Schrank geholt und schau nur, was ich gefunden habe«, sagte die Frau und hielt ein kleines Bild in die Höhe. Spiegelverkehrt erkannte Lora darauf sich selbst. Sie war zum Zeitpunkt der Aufnahme vielleicht elf Jahre alt gewesen und stand in einem hübschen hellen Kleid vor einem großen Springbrunnen. Ihr Haar wehte im Wind, beinahe war die

Bewegung auf dem Foto zu sehen. »Da siehst du aus wie Schneewittchen, mit deinem langen, schwarzen Haar und dem weißen Kleid. Findest du nicht?« Loras Oma lächelte begeistert. »Wie Schneewittchen, nur noch viel schöner, natürlich.«
Loras Lippen verzogen sich zu einem Grinsen, das irgendwo zwischen Ekel und Genugtuung schwankte.
»Danke, Oma.«

Lora schüttelte sich. Lieber schnell fort mit dieser Erinnerung an die gut gemeinten, aber eigentlich nur nervenden, Verkündigungen der Großmutter! Und vor allem: fort mit Schneewittchen!
Lora schloss die Augen, als das feine Surren des gräulichen Apparats das Badezimmer erfüllte, indem sie sich eingeschlossen hatte. Dichte Strähnen des schwarzen Haares sanken zu Boden, abgetrennt von scharfen Klingen. Es brauchte mehrere Korrekturen, bevor Lora sich zufrieden vor dem Spiegel hin und her drehte. Einzig einen schmalen Streifen des langen Haares hatte sie in der Mitte ihres Kopfes übrig gelassen, der Rest lag nun auf dem Badezimmerboden verteilt. Mit etwas Gel festigte Lora die verbliebenen Haare und kämmte sie streng nach hinten, sodass sie nicht zur Seite fallen konnten. Lächelnd stellte sie fest, dass sie sich nun einen wunderschönen Iro frisieren konnte.

Ganz von allein tauchte das Bild von Melanie, die sich kichernd neben sie an das Waschbecken der Schultoilette schob, in ihrem Kopf auf.
»Weißt du was?«, fragte sie aufgeregt.
Abwartend blickte Lora sie durch den Spiegel an.
»Ich war gestern mit Simon ein Kleid für den Abschlussball kaufen. Eigentlich wollte ich ihn ja überraschen, aber dann war mir seine Meinung doch vorher wichtig. Wir haben mir eins in einem hellen, aber kräftigen Blau ausgesucht. Du musst es selbst sehen, man kann es nicht so richtig beschreiben. Auf alle Fälle ist es wunderschön und ich kann es gar nicht erwarten, das Kleid allen Leu-

ten zu zeigen und Simon hat sogar gesagt, ich werde die Schönste beim Abschlussball sein!«

»Sicher wirst du das«, antwortete Lora monoton.

»Was wirst du tragen? Es gibt in dem Laden wirklich wunderschöne Kleider, auch in dunkleren Farbtönen. Da könnte was für dich dabei sein. Obwohl dir natürlich auch weiß stehen würde, das passt zu deinen Haaren. Ähm ... Ich habe eines gesehen, das war so cremefarben ... und sehr hübsch geschnitten.« Sie hatte sich längst von ihrem eigenen Spiegelbild abgewandt und betrachtete Lora. »Vor allem obenrum, sodass man ein bisschen mehr vortäuschen kann, als man hat ... also ...« Sie kicherte. »Du weißt schon, wäre ja nicht ganz falsch für dich, oder? Und es macht eine dünne Taille und betont dann mehr die Hüften. Also ... würde dich insgesamt weiblicher machen, weil du ja so schmal bist. Was hältst du davon, wenn wir uns das mal anschauen gehen?«

»Ich glaube, ich werde kein Kleid tragen«, antwortete Lora.

»Bitte?!« Geschockt riss Melanie die Augen auf. »Was denn dann?«

»Eine schicke Hose? Sowas gibt es auch ...«

»Aber das ist nicht wirklich schön«, antwortete Melanie.

»Wer hat gesagt, dass ich schön sein will?«

Melanie war nun endgültig irritiert.

»Hey ... es ist unser Abschlussball«, versuchte sie es noch einmal. »Und das ist *die* Gelegenheit für ein Mädchen, sich hübsch zu machen und sich herauszuputzen.«

»Und wenn ich das einfach nicht möchte?«

»Dann ...« Melanie zögerte. »Bist du ein komisches Mädchen.«

Lora lachte.

Lora schüttelte unbewusst den Kopf, um die noch recht frische Erinnerung an Melanies letzten Versuch, sie weiblich einzukleiden, loszuwerden. Mit prüfendem Blick rückte sie ihre weinrote Krawatte zurecht, die sie über einem weiten, hochgeschlossenen schwarzen Hemd trug.

Ihre Beine steckten in einer alten Motorradhose aus festem,

schwarzem Leder. An einigen Stellen hatte Lora Nieten und Ketten angenäht, sodass die Hose bei jedem Schritt klirrte. Nachdem sie die abrasierten Haare zusammengekehrt und weggeschmissen hatte, stieg Lora in ihre schweren Plateauschuhe, warf sich einen langen Ledermantel über und verließ das Haus ihrer Eltern kurz nach Einbruch der Dunkelheit. Ruhig schritt sie durch den warmen Herbstabend, die Hände in den Hosentaschen vergraben und den Blick meistens hinauf zu dem strahlenden Mond gerichtet. Dieser hatte beinahe seine vollkommene Größe erreicht.

Nach einigen Minuten erreichte Lora die Schule, die sie einst besucht hatte. Ihr Blick glitt über den nun ausgestorbenen Hof und blieb an einer der Holzbänke hängen.

Eine Szene, die zwar längst vergangen, aber die Lora definitiv nie vergessen würde, spielte sich bei diesem Anblick erneut in ihrem Kopf ab.

»Schau mal … der Olli ist schon wieder dran.« Melanie stieß ihren Ellenbogen in Loras Seite und deutete hinüber zur Holzbank neben der Turnhalle.

Loras Augen verengten sich, als sie die Szene betrachtete, die sich ihr bot. Sie sah das blonde Haar des Jungen im Dreck, fokussierte die dicke Hand, die verzweifelt versuchte, den zu Boden gedrückten Körper aufzurichten. Doch der Druck der Füße auf seinem Rücken war zu groß.

»Lora? Lora, was hast du vor?!«

»Haut ab!« Loras Stimme war schneidend. »Na los … lasst ihn in Ruhe.«

Ein grobzügiges Gesicht, das zu einem Jungen namens Justin gehörte, zeigte ihr ein spöttisches Lächeln.

»Sprech ich undeutlich? Haut ab!« Lora stieß Justin an den Schultern nach hinten.

»Das ist ja putzig, du verteidigst ihn?« Justin grinste.

Ein weiterer Stoß und Justin stolperte. Nun erlosch das Grinsen und machte einem Ausdruck von Sorge Platz.

»Wie, willst du dich jetzt schlagen, oder was?« Justins Augen huschten zu seinem Kameraden, der auffordernd nickte.

»Na los«, flüsterte Lora. »Schlag mich! Leg dich ruhig mit mir an, ich habe kein Problem damit!« Sie breitete einladend die Arme aus.

Justin musterte Lora einen Augenblick lang abschätzig und dann amüsiert.

»Nee, ich schlag keine Frauen«, meinte er schließlich mit einem gönnerhaften Lächeln.

»Warum?«, schnappte Lora.

»Weil es ungerecht ist? Weil sie sich nicht so gut wehren können?« Justin schien verwirrt. »Es macht doch keinen Spaß, einen Schwächeren zu besiegen.«

Lora lachte auf. »Ach ja, und Olli stellt für dich also eine ernsthafte Bedrohung dar? Ernsthafter als ich? Sodass du ihn schlagen darfst, aber mich nicht?«

»Er ist ein Kerl ... du nicht.«

»Na und? Ich bin genauso stark beziehungsweise schwach, wie Olli es ist. Und nur weil er ein Kerl ist, darfst du ihn schlagen, während du mich als Mädchen großmütig verschonst?« Wütend stemmte Lora die Fäuste in die Seite. »Das ist der größte Unsinn ...«

»Hör mal«, unterbrach Justin sie, »bist du scharf drauf, verprügelt zu werden?«

»Nein!«, entgegnete Lora. »Ich habe es nur einfach satt, mit Seidenhandschuhen angefasst zu werden! Nur weil ich ein armes, schwaches Mädchen bin!«

Loras Schritte beschleunigten sich wieder. Es wehte ein sanfter Wind, der in der lauen Herbstnacht überraschend kalt ihre nackte Kopfhaut kitzelte. Einige Zentimeter oberhalb ihres linken Ohres war eine feine Narbe zu sehen, die bisher von ihrem langen Haar verdeckt worden war. Eines der vielen kleinen Zeichen an Loras Körper, die von früheren Prügeleien erzählten, auf die Lora sich so oft mit großer Freude eingelassen hatte.

Lora erreichte nach wenigen Minuten die Haltestelle und musste nicht lange warten, bis die nächste Straßenbahn hielt. Sie stieg ein und wie immer wandten sich einige Köpfe nach ihr um – angelockt von dem Klirren der Ketten an ihrer Hose oder dem schweren Patchouli-Geruch, den sie hereintrug.

»Ist das ein Kerl oder ein Mädchen?«, hörte sie die gedämpfte Stimme eines jungen Mannes und kämpfte gegen das Schmunzeln an.

»Bei den Grufties weiß man das nie so genau«, antwortete sein Nachbar und betrachtete Lora. Der faszinierte Ausdruck auf seinem Gesicht entging ihr in keiner Weise und sie hob, ohne ihn direkt anzusehen, eine gepiercte Augenbraue. Das Ungewohnte, das Gruslige war eben doch das Interessanteste. Eine magere Gestalt, die man nicht eindeutig einem Geschlecht zuordnen konnte, mit weißen Kontaktlinsen und einem schweren, pechschwarzen Mantel voller klimpernder Ketten und Schnallen – ja, das war es, was die Leute zwar abschreckte, aber letztendlich doch faszinierte.

Nach ein paar Haltestellen stieg Lora wieder aus und ging nun mit raschen Schritten auf ein weitflächiges und größtenteils ungenutztes Industriegelände zu. In der Ferne zeigten einige Schornsteine zum Himmel hinauf, blass vom Mondlicht beleuchtet. Blinde Fenster blickten aus den Steingebäuden zu Lora hinab und verfolgten ihren Gang durch die mit Graffiti besprühten und bröckelnden Fassaden.

»Scheiße Lora! Bist du das?«, hörte sie plötzlich eine Stimme hinter sich und drehte sich lächelnd um. Eine große, aber ziemlich schmale Gestalt in einem enganliegenden Netzoberteil und einem bis zum Boden reichenden und mit allerhand Eisenschnallen versehenen Rock aus festem, schwarzem Stoff kam auf sie zugeeilt. Das schwarze Haar des Mannes reichte ihm bis zu Taille und war von einigen grellvioletten Strähnen durchzogen. Leandro. Facettenreich herausgeputzt, wie Lora ihn kannte und liebte. Er kam vor ihr zum Stehen und starrte sie einen Moment mit offenem Mund an.

»Du ...« Er schüttelte ungläubig den Kopf. »Das ist so typisch du, sag ich da nur.« Er lachte und schloss sie in die Arme. »Aber verdammt nochmal ... die ganzen schönen Haare.« Seine Stimme schwankte noch immer zwischen Schock und Begeisterung.

Lora lächelte stolz.

»Es war an der Zeit, was zu tun«, antwortete sie ihm.

»Lora ist kein süßes Mädel mehr«, grinste er in einem leichten Singsang und strich andächtig über die linke glattrasierte Hälfte von Loras Kopf.

»War sie nie!«

Leandro nickte wissend. »Erinnerst du dich?« Er deutete über einen Hinterhof zu einem gusseisernen Tor.

Lora nickte nur. *Das* würde sie vermutlich nie vergessen.

»Ich kann das nicht.«

Lora trat mit einem resignierten Kopfschütteln von dem Eisentor zu Leandro, der auf einer umgestoßenen Mülltonne hockte und ihr entgegenlächelte.

»Du kannst es nicht? Wieso? Stellst dich doch ganz gut an.« Er rückte ein Stück zur Seite, damit sie neben ihm Platz nehmen konnte.

»Ich komme mir total lächerlich vor!« Unwirsch strich sie sich eine lange Strähne aus den Augen.

»Hm«, machte Leandro nur nachdenklich und folgte ihrem Blick zu dem anderen schwarzgekleideten Mädchen, das inzwischen an dem Tor posierte. Sie und Lora hatten sich mit einem Fotografen verabredet, um Fotos für einen gemeinsamen Freund zu schießen.

»Sie hat's drauf«, murmelte Lora nach einiger Zeit.

»Du auch«, entgegnete Leandro.

»Ach was.« Lora schüttelte den Kopf. »Ich komme mir total schlampig vor, wenn ich da so lasziv in die Kamera blicken soll. Und dieser Augenaufschlag, zu dem er mich immer zwingen will, ist ja nun wirklich total albern bei mir.«

»Nein, das ist sexy, Lora!« Leandro sah sie von der Seite eindringlich an. »Das ist erotisch! Das ist schön!« Lora musterte ihn. »Verstehst du nicht? Du bist eine wunderschöne junge Frau. Und das kannst und sollst du zeigen. Deswegen trägst du so einen Ausschnitt und so einen kurzen Rock ...«

Lora grinste ironisch.

»Schau ...« Leandro nahm fürsorglich ihre Hände in seine. »Diese Fotos sind für Henri, stimmt's?«

Lora nickte.

»So ... und Henri ist ein Kerl.« Leandro hob anzüglich eine akkurat gezupfte Augenbraue, verzog aber sonst keine Miene. »Und als Kerl steht er da drauf, wenn du deine Weiblichkeit zeigst, um es mal jugendfrei zu formulieren. Spiel mit deinen Reizen, du kannst es dir leisten!«

»Ich möchte aber, dass er mein Freund ist, einfach nur, weil ich ... ich bin. Nicht, weil ich ach so weiblich bin«, antwortete Lora. »Das war eine dämliche Idee, diese Fotos zu machen. Schließlich war es ja auch nicht meine.«

Leandro seufzte.

»Du stehst echt gar nicht zu deiner Weiblichkeit, kann das sein?«, fragte er.

»Doch!«, antwortete Lora laut. »Aber deswegen muss ich doch nicht halb nackt meine Brüste in diese Kamera da strecken!«

Die beiden setzten sich nun gemeinsam in Bewegung und schlenderten durch das verlassene Industriegelände.

»Du bist schon eine Sache für sich«, ließ Leandro nach einer Weile verlauten.

»Ach?« Lora hob die Augenbrauen. »Weil ich nicht dazu in der Lage bin, für einen Fotografen zu posen?«

»Ja, unter anderem«, antwortete Leandro, »Jedes Mädchen macht sowas gern und ...«

»Ich sehe dieses Argument nicht ein!«, rief Lora dazwischen,

»Warum zur Hölle wollen mir ständig alle sagen, was Mädchen gern und gut machen und was man von ihnen erwartet? Und vor allem: Warum muss ich mich daran halten?« Bevor Leandro antworten konnte, sprach sie weiter: »Weil ich ein Mädchen *bin*. Ich weiß. Aber kann mir mal einer erklären, weswegen das ein Grund dafür ist, gerne shoppen zu gehen, langes und möglichst wallendes Haar zu haben, hübsche Kleider zu tragen, sich nicht zu prügeln, Schuhe zu lieben und gerne Schmollschnuten für irgendwelche Fotografen zu ziehen?! Wieso wird ein Kerl von einem anderen geschlagen, ein Mädchen aber nicht, selbst wenn beide gleichstark sind? Warum ist es okay, wenn ein Mädchen weint, bei einem Jungen aber nicht? Warum?«

»Lora, ich weiß, was du meinst. Und ich bewundere es doch so an dir, dass du so denkst. Es sollte doch keine Kritik sein.« Er lächelte sie beruhigend an. »Du musst nur verstehen, dass es viele Leute seltsam finden. Da ist ein Mädchen; ein Mensch, der dem sogenannten 'schwachen Geschlecht' angehört. Aber dieser Mensch, dieses Mädchen, will genauso 'hart' behandelt werden wie ein Mann. Das mag noch einigermaßen verständlich sein, denn seit der Emanzipation sind viele Frauen der Meinung, dass sie nicht unbedingt schwächer sind als Männer. Aber bei dir kommt noch etwas dazu: Du gehörst nämlich auch dem sagenumwobenen *schönen Geschlecht* an, wehrst dich aber dagegen, schön zu sein. Kannst du nicht einsehen, dass es die Normalsterblichen nicht verstehen, wenn sich ein Mädchen ihr schönes, langes Haar abrasiert?«

»Doch«, murmelte Lora. »Aber anstrengend ist es trotzdem.« Leandro nickte.

»Kann ich mir vorstellen. Aber lass den Leuten Zeit. Die sind es nicht gewöhnt, wenn ein Mädchen seine Weiblichkeit ablegt, wie du es tust. Als Frau hat man das Privileg, schön zu sein, und wenn ein Mädchen das nicht will, dann überfordert das rasch.«

»Ich lege meine Weiblichkeit nicht ab«, widersprach Lora sofort. »Ich bin stolz darauf, eine Frau zu sein und ich bin das auch gern. Die Sache ist, dass ich gemocht werden will, weil ich Lora bin.

Nicht, weil ich ein wunderschönes Mädchen bin. Verstehst du?«

»Ja.« Leandro lächelte. »Und ... wer weiß, vielleicht wird einmal der Tag kommen, an dem das Geschlecht nur noch eine zweitrangige Rolle spielt. Bei manchen Sachen wird es immer noch wichtig sein, bei der Partnerwahl und solchen seltsamen Dingen.«

Lora lachte und Leandro stimmte kurz ein.

»Weißt du«, fuhr er dann fort, »ein Mann wird dich immer unter anderem auch deswegen lieben, weil du eine Frau bist. Wärest du ein Mann, wärest du auch abgesehen von den physischen Merkmalen anders. Das ist einfach so.«

Lora nickte sofort. »Ja, das stimmt und das sehe ich auch ein«, antwortete sie. »Ich wünsche mir nur, dass ich auch gruselig aussehen kann und nicht dem Schönheitsideal der Frau entspreche und *trotzdem* als Mädchen gemocht und geachtet werde. Und dass ich gleichzeitig nicht mehr verhätschelt werde als ein Junge.«

Bevor Leandro neben einem verständnisvollen Nicken noch etwas erwidern konnte, erreichten die beiden einen Hauseingang, vor dem sich einige düstere Gestalten tummelten. In feinen Schlieren stieg Zigarettenrauch in die Luft und gedämpfte Stimmen waren zu hören. Lora und Leandro wurden von zwei dieser Gestalten freudig begrüßt und beide begannen beinahe gleichzeitig, Loras Frisur zu bewundern.

»Das ist wahnsinnig mutig«, staunte das Mädchen. »Ich würde mir das nie zutrauen, aber es sieht einfach nur geil aus.«

»Siehst du?«, grinste Leandro, als er und Lora wenig später in das Innere der Disko gingen. »Den meisten gefällt es, wie du aussiehst.«

»Ja«, nickte Lora strahlend, »und keiner hat das verdammte Wort 'wunderschön' verwendet!«

Leandro lachte. Dann griff er Lora freudig an den Händen und zog sie hinein in die tanzende Masse. Es dauerte nicht lang, bis der vertraute Geruch des Kunstnebels Loras Unzufriedenheit über den Umgang mit ihr als Mädchen vollständig in den Hintergrund gerückt hatte und sie sich der schnellen Musik mit ihren treibenden Rhythmen hingeben konnte.

Liebesbowle

Sigrid A. Urban

Sunhild entkorkte den Schaumwein und ließ ihn langsam in das halb gefüllte Bowlenglas fließen.

»Hey, Suny, was ist das denn Grausiges?«

Lea trat an den Buffettisch und stellte eine Platte mit belegten Broten ab.

»Kräuterbowle«, antwortete Sunhild und lächelte vorsichtig. Sie mochte Lea nicht. Obwohl sie das beliebteste Mädchen der Klasse war, hatte sie eine fiese Ader, die sie regelmäßig an ihr ausließ. Doch sie wollte Lea heute nicht verärgern. Heute war ihr Tag, denn heute würde sich alles ändern. Am Ende dieses Abends würde die gesamte Klasse sie in einem völlig anderen Licht sehen.

Sunhild wurde aus ihren Gedanken gerissen, ihr Lächeln erstarb.

»Na, das ist bei der doch wieder klar - Kräuter.« Kevin lachte höhnisch auf und zwinkerte Lea verschwörerisch zu. »Hast dich auch wieder ganz stilsicher rausgeputzt. Witch-Look, he?«

Lea kicherte, während sich Sunhild verlegen über ihren langen dunkelroten Rock strich.

»Mach dir nichts draus, besser ein besonderer Stil, als scheiße aussehen. Obwohl manche zielsicher beides schaffen. Oder, Sunny-Bunny?« Frech grinste Lea sie an. Sunhild senkte den Kopf und versuchte, sich weiter auf das Einschenken zu konzentrieren.

»Aber Bowle finde ich okay. Solange Alkohol drin ist, trinken wir alles.«

»Glaube ich auch«, flüsterte Sunhild leise, doch Lea hatte sich schon wieder von ihr abgewandt. Beschwingt lief sie zu den anderen Mädchen am Eingang des Klassenzimmers, die gackernd die Jungs beobachteten.

Sunhild seufzte. Wie gern würde sie hinübergehen und einfach mitlachen. Doch sie traute sich nicht. Sie wusste, dass niemand sie akzeptieren würde. Mittlerweile konnte sie die boshaften Bemerkungen über ihren Namen und die Hänseleien wegen ihrer

Kleidung nicht mehr ertragen. Sie verspürte jedes Mal diese unheimliche Wut in sich, die sie nur unterdrücken konnte, indem sie ihre Hände zu Fäusten ballte und die Zähne aufeinanderbiss. Diese Wut, die ihr die Fingernägel in die Handflächen trieb, bis sie bluteten. Sie hatte Angst vor diesem fremden Gefühl, das sie immer mehr zu vereinnahmen drohte.

Also goss sie lieber Bowle in die Gläser und versuchte sich unsichtbar zu machen. So lange, bis sich das Blatt ein für alle Mal für sie wenden würde. Sicher würde das nicht mehr lange dauern.

Sunhild schaute zur Tür. Wo blieb Thommy nur? Sie hatte ihn heute noch nicht gesehen. Er würde doch hoffentlich kommen? Ihr Herz begann bei dem Gedanken an ihn zu flattern. Thommy war der hübscheste und netteste Junge, den sie kannte. Alle Mädchen sahen ihm nach, wenn er vorbei ging. Sie beobachteten ihn, wenn er seine blonden Locken verwegen aus der Stirn strich, und sie ihm doch immer wieder neckisch ins Gesicht rutschten.

Sunhild hätte sich nie erlaubt, Hoffnung zu hegen, dass er sie mochte, wenn Thommy damals nicht den ersten Schritt gemacht hätte.

Es war einer dieser scheußlichen Tage gewesen, an denen ihre Mitschüler wieder jemanden suchten, den sie terrorisieren konnten. Und wer war da die erste Wahl? Natürlich sie.

An diesem Tag hatte Lea sie mal wieder wegen ihrer krausen Haare gehänselt: »Sunhild hat heute Putzdienst. Sie trägt ihren Wischmob schon auf dem Kopf.«

Alle lachten und Sunhild beugte sich tiefer über ihr Ethikbuch, in dem sie gerade las.

»Vielleicht können wir ihr ja helfen«, durchbrach Bene, der Klassenclown, die Heiterkeit. »Gegen Wischmobs auf dem Kopf gibt es ein Heilmittel.«

Das Gejohle wurde noch lauter und Sunhild versuchte, ihren Kopf zwischen die Schultern zu ziehen. Doch als sie das metallene Geräusch einer Schere hörte, war es zu spät. Eine lange Strähne fiel auf die Seiten ihres Buches. Voller Panik hob sie schützend die Hände, doch eine weitere Strähne landete auf dem Tisch.

»Weiter, weiter«, grölte die Klasse und Bene langte mit der ganzen Hand in ihr Haar.

»Bene, du Arsch, hör auf!«, erklang plötzlich Thommys Stimme.

»Wieso? Ich verschönere sie doch nur.«

»Ich finde, dass sie das nicht nötig hat«, sagte Thommy. »Vor allem nicht von dir.«

Sunhild sah vorsichtig auf und blickte dabei geradewegs in Thommys strahlendblaue Augen, die besorgt auf sie herabsahen. Bis in ihr Herz traf sie dieser Blick, und sie spürte, wie ihre Beine anfingen zu zittern. Schnell sprang sie auf und lief hinaus.

Als sie in der Mädchentoilette vor dem Spiegel stand, zitterte sie noch immer. Thommy! Er fand sie schön, so wie sie war – mit diesem einen Satz hatte eine Idee Gestalt angenommen. Alles würde sich ändern, wenn Thommy an ihrer Seite wäre. Niemand würde sie mehr verspotten. Und sie würde für Thommy eine gute Freundin sein. Er würde keine Augen mehr für andere Mädchen haben, und er würde glücklich sein, dafür würde sie sorgen.

Gestern Nacht hatte sie alles vorbereitet. Sie hatte sich eine Ausrede einfallen lassen müssen, als ihre Mutter sie dabei erwischte, wie sie nach Mitternacht noch in den Garten ging.

»Wo willst du denn hin?«

»Ich muss kurz in den Garten, ein paar Kräuter schneiden«, antwortete Sunhild.

»Kräuter schneiden?« Ihre Mutter sah sie misstrauisch an.

»Für die Bowle, die ich morgen zur Oberstufenparty mitnehmen will.«

»Und das musst du nachts um zwölf machen?«

»Ich hatte es vergessen, Mama. Bin gleich wieder da.« Schnell schlüpfte sie zur Terrassentür heraus und hoffte, dass ihre Mutter ihr nicht folgte. Hinter dem Apfelbaum hielt sie inne, schaute über die Schulter, ob sie auch wirklich allein im Garten war. Niemand zu sehen.

Tief sog sie die nach warmer Erde riechende Nachtluft ein, breitete ihre Arme aus und richtete ihre Augen auf die helle Mondsichel am Himmel.

Mit leiser Stimme begann sie unverständliche Worte zu murmeln. Nur ein undeutlicher monotoner Singsang war zu vernehmen, der, je länger er anhielt, eine immer eindeutigere Melodie annahm.

Langsam schritt Sunhild, während sie weiter sang, durch den Garten. Ihre Bewegungen waren anmutig, völlig anders als sonst. Selbst wenn, hätte es eh niemand unter den langen Röcken bemerkt, die sie immer trug.

Beim Kräuterbeet hielt sie inne. Die kleine silberne Schere glänzte im Mondlicht, während sie Stängel von Bohnenkraut, Petersilie und Liebstöckel abschnitt.

Mittlerweile sang sie immer lauter und man konnte die eintönigen Worte verstehen: »...wirst du mich lieben, Thommy. Du wirst mich lieben ...«

Mit einem Bündel Kräuter in der Hand ging sie zum verwilderten Teil des Gartens. Hier befand sich der Kompost; Brennesseln und anderes Unkraut wuchsen hier ungehindert. Dicht am Zaun stand eine unscheinbare Pflanze, auf die Sunhild zielstrebig zulief. Sie wusste, dass sie mit diesem Kraut vorsichtig sein musste. Es konnte tödlich sein, und umbringen wollte sie niemanden. Jedenfalls jetzt nicht mehr, seitdem Thommy seine Gefühle für sie vor der ganzen Klasse offengelegt hatte.

Während sie einige geeignete Stängel auswählte, sang sie mit klarer hoher Stimme: »...im Namen der großen Mutter, wirst du mich lieben, Thommy. Du wirst mich lieben, im Namen der großen Mutter ...«

Dann streifte sie ihre Kleider ab. Ihr Leib schimmerte weiß im kalten Mondlicht, während sie mit den Kräutern über ihre Haut strich. Erst das Gesicht, dann über Schultern, Arme, Brust, über ihren Bauch, die Beine entlang. Als das Bündel zwischen ihre Schenkel glitt, stöhnte sie unwillkürlich auf. Ein Zittern lief durch ihren

Körper und sie sank lautlos zu Boden. Würde es so sein, wenn Thommy sie mit seinen Händen berührte? Sicher würde er ihren Körper genau so zum Beben bringen können. Tief atmete sie ein und setzte ihr Gebet murmelnd fort.

Langsam kleidete sie sich wieder an und kehrte ins Haus zurück. In der Küche setzte sie, ohne dass sie ihren Gesang unterbrach, die Bowle an. Das Glas ließ sie abgedeckt auf dem von silbernem Licht beschienenen Küchentisch zurück. Die Kraft des Mondes würde jetzt ihre Arbeit vollenden.

Sunhild erstarrte, als Thommy endlich den Raum betrat. Selbstsicher und wunderschön lief er durch das Zimmer und strich sich eine blonde Locke aus der Stirn. Die Mädchen an der Tür kicherten wie dumme Hühner und folgten ihm zum Buffet.

»Hey, Thommy«, flüsterte Sunhild und trat einige Schritte zurück. Doch Thommy würdigte sie keines Blickes. Das würde sich ändern, sobald der Liebestrank wirkte. Sunhild hoffte innig, dass es noch heute Abend geschehen würde. Aber sie wusste, dass man solche Dinge nicht herbeizwingen konnte. Sie musste Geduld haben.

Musik strömte aus den Lautsprechern und die ersten Paare tanzten eng umschlungen auf der kleinen Tanzfläche. Auch Thommy tanzte – mit Lea.

Sunhild schaute traurig auf das fast leere Bowleglas. Er hatte davon getrunken, mehr als nur ein Glas, aber es hatte sich nichts an seinem Verhalten geändert. Gerade in diesem Augenblick knutschte er mit dieser unmöglichen Lea rum.

Vielleicht sollte ich das tödliche Kraut das nächste Mal für diese Minirock tragende Schlampe überdosieren? Dann bin ich wenigstens ein Problem los, schoss es ihr durch den Kopf.

»Magst du tanzen?«

Sunhild zuckte bei diesen Worten zusammen und drehte sich erschrocken um. Herr Schröder, der Astro-Lehrer der Schule, stand hinter ihr und stellte gerade sein leeres Bowleglas ab.

»Tanzen? Äh …«, antwortete sie verwirrt.

»Ich dachte nur …«, begann Herr Schröder, »… alle tanzen.« Er wies auf die volle Tanzfläche. »Da könnten wir doch auch …« Sunhild trat schüchtern von einem Fuß auf den anderen und sah zu Boden.

»Komm, so ein hübsches Mädchen wie du sollte nicht allein am Rand stehen.«

Er fasste ihre Hand und zog sie ohne große Mühe an sich heran. Behutsam legte er eine Hand auf ihre Taille und begann sie im Takt der Musik zu führen. Er war ein halben Kopf größer als sie, und als sie ihren Blick hob, sah sie, dass seine Augen auf ihr ruhten. Schnell senkte sie ihren Kopf.

»Du wirst es nicht glauben«, flüsterte er, »aber ich freue mich unglaublich, dich endlich näher kennenzulernen. Du bist mir schon immer aufgefallen, Sunhild. Du bist so anders als die anderen Schülerinnen. Schon wie du dich kleidest. Einfach außergewöhnlich. Leider hast du dich nicht in meinen Leistungskurs eingeschrieben.«

Mit einer eleganten Bewegung seines Armes drehte er sie einmal im Kreis und zog sie dann wieder dicht an sich heran. Sunhild taumelte gegen seine Brust. Ihr war schwindelig. Sicher umfing er sie mit seinen Armen und hielt sie aufrecht.

»Mein Vorname ist übrigens Thomas.«

Ein flaues Gefühl breitete sich in Sunhilds Magen aus.

Dann beugte sich Herr Schröder noch näher zu ihr herunter. Seine Lippen berührten fast ihr Ohr.

Verschwörerisch flüsterte er: »Aber *du* darfst Thommy zu mir sagen.«

Ulrike

Grażyna Werner

Der laue Nachmittagswind streifte die Kirschblüten.

Die Sonne stand noch recht hoch über dem Horizont und vergoldete mit ihrem Licht die Felder und die Wiesen. Auch der Wald südlich vom Schloss erschien Ulrike heller und freundlicher. Im Tal glänzte die Saale, die ihre Wasser gen Norden brachte, ehe sie zwischen den Bäumen verschwand.

Die einfache Holzbank unter dem Kirschbaum war Ulrikes Lieblingsplatz. Ihr Gatte Adalbert, einer der tapfersten Ritter in der Gegend, wusste das und brauchte nicht lange nach der Dame seines Herzens zu suchen. Ulrike hörte seine Schritte und drehte sich um. Ihr noch vor kurzem verträumt - nachdenkliches Gesicht verwandelte sich in ein strahlendes. »Wie schön, dass Ihr kommt, Adalbert, mein Gemahl«, begrüßte sie ihn. »Nehmt neben mir Platz, bitte.«

Aber Adalbert blieb stehen und schaute ihr tief in die Augen. Diesen Blick kannte sie gut und ahnte wohl, welche Nachricht sie bald hören würde. Schließlich war sie seit sieben Jahren seine Gattin. »Es gibt wieder Krieg, nicht wahr?«

»Ja, ich muss fort. Noch heute werden Pferde, Waffen und Rüstungen vorbereitet, morgen Früh ziehe ich los.«

Ulrikes grüne Augen wurden plötzlich grau, wie immer, wenn sie Kummer hatte.

»Es wird nicht lange dauern«, meinte er, »ich bin sicherlich zurück, ehe die letzten Kirschen gepflückt sind.«

Ein schwacher Trost für Ulrike, die solche Worte allzu oft hörte. Obwohl sie verstand, dass ein Ritter kämpfen musste, wünschte sie, ihr Gatte würde zu Hause bleiben. So selten, so kurz waren die gemeinsamen Tage und Nächte! *Hätte ich wenigstens Kinder, ja, ein Kind vielleicht,* dachte sie, *dann wäre die Trennung erträglicher.* Sie rief ihre Schwestern und Brüder in Erinnerung: Hedwig, obwohl jünger, hatte schon drei Töchter, Almut war Mutter eines Sohnes und erwartete wieder ein Kind. Nur die kleine Elvira, das Nesthäkchen, blieb noch unverheiratet, aber sie war ja erst zwölf geworden, elf Jahre jünger als Ulrike. Ihre beiden Brüder, Hermann und Wolfram, hatten auch schon Familien, Söhne und Töchter.

Ulrike konnte ihre Gefühle nicht mehr verbergen, ihre Augen wurden plötzlich glasig, dicke Tränen kullerten lautlos herunter. »Ulrike, meine Liebste, was soll das? Ich komme doch bald wieder!«, beteuerte Adalbert. Seine blauen Augen blickten auf sie treu und mitfühlend herab. »Weint Euch die Augen nicht aus, ich flehe Euch an! Ulrike, meine Liebste, hört auf zu weinen! Ich möchte wieder Euer Lächeln sehen.«

Ulrike seufzte halblaut. Sie schämte sich ihrer Schwäche, ihrer Tränen, dennoch versuchte sie sich zu fassen. Aber ihre Liebe zu Adalbert und die Sorge um ihn waren stärker.

»Verzeiht mir«, sagte sie mit unsicherer Stimme, »ich verstehe schon. Aber Krieg ist Krieg. Ich bange um Euch, ich will Euch nicht verlieren. Ihr seid nun keine zwei Monde daheim, und der letzte Krieg war so lang, ganze zwei Winter hat er gedauert ...«

»Habt keine Angst, ich komme gesund heim«, versuchte er sie zu beruhigen. Und sie glaubte ihm, weil sie einfach glauben wollte.

Zu früh kam der nächste Morgen, zu kurz schien Ulrike die gemeinsame Nacht voller Leidenschaft. Das Frühstück wurde fast eilends eingenommen, und dann, nach einem Gebet, zog Adalbert mit seinem Gefolge in den Krieg.

Die Tage vergingen viel zu schleppend, die Nächte waren für Ulrike unerträglich einsam. Tagtäglich beobachtete sie den Kirschbaum – die Blüten fielen ab, die Früchte wurden größer und gewannen von Tag zu Tag an roter Färbung, bis sie ihre Reife erreichten. »Ich bin sicherlich zurück, ehe die letzten Kirschen gepflückt sind«, hatte Adalbert versprochen. Aber irgendwann gab es keine Kirschen mehr, und Ulrike saß immer noch einsam auf der Bank, in die Ferne starrend. Sie vermochte jetzt kaum zu essen, schlief wenig und höchst unruhig. Helga, ihre treue Dienerin seit Ulrike denken konnte, versuchte ihre Herrin aufzumuntern. Aber diese wurde immer blasser und sogar ihr schönes kastanienbraunes Haar verlor seinen Glanz und büßte viel von seiner Farbe ein.

Manchmal schaute Ulrike in den kleinen, mit Bernsteinen geschmückten Handspiegel, den sie einst von Adalbert bekommen hatte. Er hatte gemeint, durch den Spiegel wären sie für immer zusammen, was auch geschehen möge. Das verstand sie nicht, hatte aber das Gefühl, dass die honiggelben Steine ihr etwas Trost schenken konnten. So verging der Sommer, der dunkle Wald schmückte sich mit warmen Farbtönen, manch ein Morgen begann neblig, was Ulrikes Stimmung noch mehr trübte. An einem solchen Tag meinte Helga: »Hinter dem Hügel, am Waldrand, wohnt ein Weib, welches Euch helfen kann, Herrin.«

»Wie das?«

»Durch Zauberei.«

»Lass sie aufs Schloss kommen!«

»Unmöglich. Sie scheut Menschenmengen, mag auch keine Schlösser. Sie kommt nicht. Wer ihre Hilfe wünscht, muss zu ihr gehen.«

»Dann gehen wir!« Ulrikes Stimme klang plötzlich so entschlossen, dass Helga sich wundern musste.

»Aber sachte, meine Herrin.« Sie lächelte. Ulrikes Augen zeigten zugleich Erstaunen, Ungeduld und Hoffnung. Sie wurden wieder grün, wie vor Adalberts Abreise.

»Worauf warten? Gehen wir doch!«

Helga schüttelte den Kopf. »Das geht nicht. Alles muss vorbereitet sein, abgesprochen. Wenn Ihr es wünscht, werde ich sie nach dem Mittagsmahl aufsuchen und ihr das Problem schildern.«

»Sag ihr, sie wird gut belohnt.«

»Nicht für Gold und Silber hilft sie den Leuten«, meinte Helga. »Sie lebt bescheiden und hat alles, was sie braucht.«

In der folgenden Nacht fand Ulrike endlich einen festen Schlaf.

Bevor die Sterne am Himmel verschwanden, wurde sie von Helga geweckt und angekleidet. Kein Frühstück brauchte Ulrike vor dem Weg, nur ein inniges, kurzes Gebet in der Kapelle. Dann, im Morgengrauen, verließen beide das Schloss.

»Wie ist denn die Hexe?«, fragte Ulrike ihre Dienerin.

»Ihr sollt sie nie Hexe nennen. Das mag sie nicht. Sie heißt Ida.« Mehr wollte sie nicht verraten.

Im Licht der aufgehenden Herbstsonne wirkte Idas Hütte, eine Behausung aus Lehm und Zweigen, sonderbar. Ulrike überkam ein ihr bisher unbekanntes Gefühl, eine Mischung aus Angst und Hoffnung. Bevor sie etwas sagen konnte, öffnete sich die Tür und mehrere Katzen sprangen vors Haus. Eine sympathische, leicht sonore Stimme erklang: »Tretet herein!«

Helga gab ihrer Herrin ein Zeichen, blieb aber selbst draußen. Ulrike, etwas verunsichert, folgte der Einladung. In der Halbdunkelheit des Raumes sah sie schwach eine Gestalt.

»Setzt euch und erzählt«, sagte Ida. »Wie kann ich euch helfen?«

Ulrike schaute sich um, aber kein Stuhl, keine Bank war zu sehen, nur ein Holzklotz neben der Feuerstelle. Sie nahm Platz. Verlegen strich sie mit dem Zeigefinger über ihre Augenbrauen. Wohl wirkte sie besorgt, weil Ida plötzlich weniger förmlich wurde: »Was ist, Kindchen?«

Ulrike seufzte tief und vertraute sich der Hexe an. Himbeerblätter kauend nickte Ida hin und wieder mit dem Kopf.

»Muss er denn immer in den Krieg ziehen?« Ulrike schaute erwartungsvoll in Idas Augen, die in dem diffusen Licht des frühen Morgens grünlich leuchteten. Diese überlegte kurz, spuckte die Blätter aus und blickte auf ihren Gast.

»Vielleicht kann ich das ändern. Mit deiner Hilfe, Kindchen.«

»Was kann ich denn tun?« Ulrike fühlte sich seit so vielen Monden schwach und machtlos.

»Zuerst glauben«, hörte sie. Diese Worte wirkten wie ein Balsam. Auch ihre Mutter hatte ihr immer diesen Rat gegeben.

In die Hütte drang allmählich mehr Tageslicht. Ulrike konnte jetzt Idas rundes, rosiges Gesicht sehen. Irgendwie mochte sie diese Frau und war nun ziemlich sicher, dass diese ihr helfen würde.

»Ich brauche einen Gegenstand, der eine besondere Bedeutung für euch hat.«

Ulrike streichelte mit dem Mittelfinger ihre linke Augenbraue. »Einen Gegenstand?«, wiederholte sie fragend.

»Etwas, was euch beide besonders verbindet. Ein Geschenk von ihm vielleicht ... Aber ich muss gleich sagen, dass die Magie diesen Gegenstand vernichten wird. Alles hat seinen Preis.«

»Wenn es hilft, werde ich das verschmerzen.« Ulrike wusste schon, was sie opfern könnte. »Wann soll ich es bringen?«

»Beim nächsten Vollmond, in der Nacht. Aber die Magie hat noch weitere Einschränkungen.« Wenngleich dies leicht beunruhigend klang, spürte Ulrike keine Angst, im Gegenteil, sie fühlte sich eher beflügelt. So nahm sie Idas weitere Erläuterungen kaum wahr. »Die Welt um euch herum wird sich verändern. Es wird keine Kriege in eurer Umgebung geben, Adalbert wird meist daheim nächtigen. Aber auch ich habe nicht alle Macht der Welt und weiß nicht, ob es euch so gefallen wird. Und ein Zurück, das wird es nicht mehr geben.« Aber Ulrike, voller Vorfreude auf die Welt ohne Kriege und auf das neue Leben an Adalberts Seite, überhörte Idas Warnung.

Die Tage bis zum nächsten Vollmond schienen Ulrike unendlich lang. Sie hoffte und bangte, betete stundenlang in der Schlosskapelle oder schaute in die Ferne. *Wie mag sie denn sein, diese Welt ohne Kriege? Was wird sich ändern?*, dachte sie manchmal, fand aber keine Antwort auf ihre Fragen. Abends beobachtete sie den zunehmenden Mond, dessen linke Seite sich immer stärker wölbte.

Eines Abends verkündete Helga, in der kommenden Nacht gäbe es endlich Vollmond. Ulrike packte ihren kleinen Spiegel in den Samtbeutel, den sie vor Jahren von ihrer Mutter bekommen hatte. Warm angezogen machte sie sich mit der Dienerin auf den Weg. Die Bäume am Wegesrand, der Wald, dem sie sich näherten, die vereinzelten Häuser, all das wirkte im Mondschein eigenartig. Ulrike verspürte ein seltsames Gefühl und es schien ihr, sie wäre bereits unbemerkt in diese neue, kriegsfreie Welt geraten. Aber nein, Idas Hütte stand dort, wo immer schon ihr Platz gewesen war, und das Fenster leuchtete im warmen Rotgelb.

»Du bleibst aber diesmal nicht draußen«, sagte Ulrike mit Nachdruck, und Helga gehorchte.

»Bist du sicher, Kindchen?«, fragte Ida, noch bevor Ulrike den Spiegel aus ihrem Samtbeutel herausnehmen konnte.

»Ja … ja, sicher. Er soll nie wieder in den Krieg ziehen, ich brauche ihn bei mir.« Ulrike reichte Ida den Spiegel, dessen Bernsteine im Licht der Flammen einen besonders hübschen Farbton bekamen. Sie glichen goldgelben, in Sonnenstrahlen glänzenden Honigtropfen.

»Ein wahrhaft interessantes Ding«, meinte die Zauberin.

»Er soll uns verbinden, was auch geschehen möge. So hatte es mein Gemahl immer gesagt«, erklärte Ulrike.

»So wird es sein.«

Jetzt verstand Ulrike plötzlich, was Adalbert gemeint hatte. Aber woher hätte er das wissen können? War das Bestimmung? Konnte er künftige Ereignisse sehen oder zumindest erahnen? Unwichtig, Ulrike fühlte sich jetzt in ihrer Entscheidung bestätigt. Inzwischen bereitete Ida in einem Kessel ein Gebräu aus verschiedenen Kräutern und legte den Spiegel hinein. Beim Umrühren vergewisserte sie sich noch, dass nicht nur die junge Herrin, sondern auch ihre Dienerin die Reise in die fremde Welt antraten. Als der Große Wagen sich dem Horizont neigte, reichte sie den beiden einen Becher mit dem Zaubertrank. Ulrike vernahm noch den Zauberspruch:

»Also fahr'n wir! Möge uns die Nacht umhüllen.

Also fahr'n wir! Möge der Mond den Weg weisen.

Keiner weiß, was Sterne flüstern in der Stille.
Nur wir wissen: Uns're Träume sind auf Reisen.«

Langsam schlug Ulrike die Augen auf. Wo war sie? Das war doch nicht ihr Gemach in dem vertrauten Schloss ihres Gemahls Adalbert! *Was ist geschehen? Warum sieht alles so seltsam aus?*, dachte Ulrike. Nach und nach kam die Erinnerung an die Geschehnisse der letzten Nacht. *Ja, es hat sich etwas verändert, gewiss. Aber wo ist Adalbert?*

»Ich werde nach Helga läuten«, beschloss sie, »vielleicht kann sie meine Fragen beantworten.« Sie schaute sich um, aber es war keine Glocke im Raum, dafür aber eine eigenartige schwarze Schachtel auf der Truhe am Bett. In der Annahme, dies wäre die Glocke, drückte Ulrike auf eine der Tasten, die den geheimnisvollen Gegenstand zierten. Fremd klingende Musik ertönte aus dem wohl magischen Ding. In diesem Augenblick bekam Ulrike eine Eingebung: *Dieses Ding ist ein Radio.* Sie lächelte, so lustig kam ihr dieses Wort vor. Dann stürmten neue Begriffe auf sie ein: Sie trug einen Pyjama. Neben dem Schlafgemach, nein es hieß Schlafzimmer, befand sich das Badezimmer, ausgestattet mit einer Dusche, einem Waschbecken, mit glänzenden Wasserhähnen …

Die Welt hatte sich wahrhaftig verändert! Welch eine mächtige Zauberin musste diese Ida doch sein! Ulrike war gespannt, welche Überraschungen ihr diese neue Welt noch bringen würde. Es war auch sonderbar, dass sie nun das Wissen besaß, wie all diese Geräte und Apparate zu handhaben sind. Sie war auch in der Lage, sich selbst anzukleiden, obwohl sie die Unterwäsche eigenartig fand und den wadenlangen Rock viel zu kurz.

»Sie sind schon auf, Frau von Rudelsburg, guten Morgen!«, wurde sie von Helga begrüßt.

»Guten Morgen, Helga! Ich habe herrlich geschlafen. Wo aber ist mein Mann? Ich würde gerne mit ihm frühstücken. Haben Sie schon gedeckt, Helga?«

Weder die Anrede noch die neuen Wörter klangen für sie fremd.

Auch ich habe mich verändert, dachte Ulrike.
»Der Herr Doktor hat schon gefrühstückt, bevor er in die Klinik fuhr.«
»Wann kommt er heim?«
»Wohl gegen 16 Uhr, wie meist nach dem Frühdienst.«
Ulrike wurde bewusst, dass Adalbert jetzt kein Ritter mehr, sondern Medikus war. *Arzt,* verbesserte sie sich, *man nennt diesen Berufsstand Arzt.*
Sie freute sich auf den gemeinsamen Abend, nach der unendlich langen Warterei konnte sie sich doch noch ein paar weitere Stunden gedulden. Dennoch schaute sie hin und wieder auf die Uhr.
Gegen drei klingelte das Telefon. Das war Adalbert! Ulrikes Herz schlug schneller vor Freude, die jedoch schnell gedämpft wurde: Ein schwerer Verkehrsunfall, mehrere Verletzte, er müsse sofort in den OP … Wann er nach Hause käme? Das könnte dauern – vielleicht am späten Abend, vielleicht morgen …
Die einsamen Abende war sie gewohnt, aber sie hasste sie. Nun schaltete sie den Fernseher ein, der ihr jedoch keine Zerstreuung brachte. Früher, als Schlossherrin, beschäftigte sie sich gern mit Stickarbeiten, aber jetzt verspürte sie keine Lust, dieser alten Gewohnheit nachzugehen.
Am nächsten Morgen, als sie gerade am Frühstückstisch saß, kehrte Adalbert heim, müde und blass. Er küsste Ulrike, trank eine Tasse Kaffee und verkündete, er müsse ein wenig schlafen, ehe er verreisen würde.
»Wieso willst du verreisen? Wohin?«, fragte Ulrike höchst beunruhigt. Musste er doch wieder in irgendeinen Krieg ziehen? Was war denn los?
»Hast du's vergessen, Liebling? In Genf beginnt morgen die Tagung der Chirurgen und ich werde dort das Referat halten, welches du letzte Woche für mich abgetippt hast. Ich nehme die Maschine um 19.20 Uhr. Helga kann inzwischen meine Reisetasche packen, wie immer. Die Unterlagen sind in der schwarzen

Mappe auf dem Schreibtisch. Die nehme ich als Handgepäck in die Kabine, damit ich sie noch einmal durchsehen kann.« Er schaute seiner Frau in die Augen, die diesmal halb grün, halb grau zu sein schienen. »Am Donnerstag gegen 20 Uhr bin ich zurück«, versprach er, aber entweder verstand sie seine Worte nicht oder glaubte ihm nicht mehr. Sie stand auf, ging ans Fenster und weinte bitterlich. Ulrike starrte in den Garten, sah aber gar nicht, dass die alten Kirschbäume prächtig blühten.

Tritte in der Nacht

Manuela Inusa

Valerie lag wach in ihrem Bett und das seit einer gefühlten Ewigkeit. Es war wieder eine dieser Nächte, die sie in letzter Zeit häufig mitmachte. Sie drehte den Kopf zur Seite und sah auf den Radiowecker. 3:39 Uhr. Noch gute drei Stunden, bis sie aufstehen musste. Wie sollte sie nur die Zeit totschlagen? Sollte sie aufstehen und in die Küche gehen wie letzte Nacht? Da hatte sie mal eben eine ganze Tüte Chips, zwei Schokoriegel, ein großes Stück Sahnetorte und fünf Gewürzgurken verdrückt. Und das alles durcheinander, versteht sich.

Nein, danach hatte Valerie erst recht nicht mehr einschlafen können, von Sodbrennen geplagt.

Sollte sie das kleine Licht auf ihrem Nachttisch anmachen und weiter in ihrem Buch lesen? Wohl lieber nicht, nachher wachte Dean noch auf. Valerie sah ihren Mann liebevoll an. Der Glückliche schlief tief und fest. Okay, zugegeben, dass er aufwachen könnte, war nicht der eigentliche Grund. Der war, dass das Buch ein ganz schön heftiger Thriller war, der Valerie schon bei Tageslicht in Angst und Schrecken versetzte. Als sie vor ein paar Tagen an der Stelle angekommen war, an der sehr detailliert beschrieben wurde, wie die Todeskugel den Kopf des Opfers durchbohrte und dabei Gehirnstückchen in alle Richtungen geflogen waren, hatte Valerie das Buch schnell zugeklappt, als wenn die Worte damit verschwunden wären. Für sie waren sie das auch, und sie hatte sich bis jetzt nicht getraut, das Buch wieder aufzuschlagen. Nein, das würde sie sich jetzt ganz bestimmt nicht wieder antun.

Sie stand auf und ging zum geschätzten zehnten Mal in dieser Nacht aufs Klo. Die Blase drückte fürchterlich. Ein Blick in den Badezimmerspiegel ließ sie seufzen. Von wegen rosige Haut. Was sie sah, ließ sie fast in Tränen ausbrechen, jeden Tag aufs Neue. Valerie erkannte sich kaum wieder. Rote Pickelchen verteilt im ganzen Gesicht, das merkwürdig aufgedunsen aussah, dazu stumpfes Haar und von den geschwollenen Füßen und der juckenden Haut wollte sie gar nicht erst anfangen. Sie knipste das Licht aus und bahnte sich im Dunkeln ihren Weg zurück zum Bett.

Sie hatte sich gerade wieder hingelegt, in der Hoffnung, doch noch ein wenig Schlaf zu finden, als sie es wieder spürte: ein Tritt, dann noch einer. Und dann ein ganz gewaltiger, der sie kurz die Luft anhalten ließ.

Doch Valerie lächelte, streichelte ihren dicken Bauch und flüsterte: »Willst du mich denn nicht endlich schlafen lassen?«

Die Antwort darauf war ein Faustschlag, den sie sogar durch die Bauchdecke an ihrer Hand fühlte. *Okay*, dachte sie, *dann eben nicht*. Sie stand noch einmal auf und ging in die Küche, wo sie sich eine große Packung Schokoeis aus dem Gefrierschrank holte. Sie aß, bis ihr schlecht wurde und stellte sich dann ans Fenster. Neben ihrem war nur noch ein Fenster erhellt, schräg gegenüber, da wo der Einsiedler wohnte. Sie konnte beobachten, wie er vor seinem Fernseher saß und *Bambi* guckte.

Irgendwas stimmt nicht mit dem, dachte sie, *oder vielleicht ist er auch nur verdammt einsam*. Sie nahm sich vor, ein bisschen netter zu ihm zu sein, ihn vielleicht sogar mal anzusprechen. Und wenn ihr kein Thema einfiel, wären vielleicht Disneyfilme das passende.

Wie sehr sich Valerie schon freute, bald all ihre Lieblingsfilme aus ihrer Kindheit wieder anzusehen. *Dornröschen*, *Cinderella* und *Schneewittchen*. Und neben ihr würde ihr kleines Töchterchen sitzen.

Valerie wurde traurig. Sie dachte daran zurück, wie sie vor nicht allzu langer Zeit schon einmal diese Vorstellung gehegt hatte. Doch dann war alles anders gekommen. Sie war in der elften Woche schwanger gewesen, als sie plötzlich starke Unterleibsschmerzen bekommen hatte. Dean hatte sie sofort zum Arzt gebracht, doch es war zu spät gewesen. Der Arzt hatte nichts mehr für sie tun können.

Danach folgten Wochen der Trauer, Wochen der Verzweiflung. Sicher, Dean war enttäuscht und auch traurig, doch das, was Valerie fühlte, war etwas anderes. Ein so tief sitzender Schmerz, dass sie dachte, er würde ihr das Herz zerreißen. So eine unendliche Traurigkeit konnte nur eine Frau empfinden, eine Mutter, eine Beinahe-Mutter. Kein Mann auf der Welt würde je dieses schreckliche Gefühl durchmachen müssen.

Nach einem Jahr war Valerie bereit, es noch einmal zu versuchen, obwohl Dean daran zweifelte, dass der richtige Zeitpunkt schon gekommen war. Doch Valerie war sich sicher. Sie war schon so nah dran gewesen, sie wusste es genau, sie war nur aus einem einzigen Grund auf dieser Welt: um Mutter zu sein!

Nach ein paar Wochen war sie wieder schwanger. Diesmal weihte sie niemanden vor dem vierten Schwangerschaftsmonat ein. Sie musste sichergehen, dass alles in Ordnung war. Und dann, als die zwölfte Woche rum war, feierten sie und Dean ausgelassen ihr Glück. Sie flogen für ein Wochenende nach Paris und fuhren hoch auf den Eiffelturm. Und dort oben konnte Valerie endlich aufatmen. Sie blickte auf diese wunderschön romantische Stadt hinunter, die im Abendlicht funkelte und strich mit sanften Fingern über ihren Bauch. Dean stand hinter ihr, umarmte sie verliebt und sie wusste: Alles würde gut werden.

Valerie schwelgte in Erinnerungen an Paris und nahm sich noch ein Stück kalte Pizza vom Vortag aus dem Kühlschrank. Dann machte sie sich endgültig auf den Weg zurück ins Bett.

Die Kleine trat immer noch um sich, und manchmal wusste Valerie nicht, ob sie es schön oder nervig fand, denn es tat teilweise wirklich weh. Doch sie konnte ihr einfach nicht böse sein und so beschloss sie, es die letzten Wochen noch zu genießen. Sie war im achten Monat und schon bald würde sie diese nächtliche Unruhestiftung hinter sich haben. Wer wusste schon, wann und ob sie jemals wieder das Vergnügen haben würde?

Ihr war klar, dass schon sehr bald eine ganz andere nächtliche

Unruhestiftung folgen würde, nämlich wenn das Baby sie alle zwei Stunden weckte, weil es hungrig war oder eine volle Windel hatte oder einfach nur hin und her gewiegt werden wollte. So hatte sie es zumindest von Freundinnen gehört. Aber egal, was kommen würde, sie konnte es kaum abwarten, endlich ihre Kleine im Arm zu halten und ihre süße Stirn zu küssen.

Da die Kleine einfach keine Ruhe gab und Valerie noch immer nicht einschlafen ließ, hatte sie plötzlich eine neue Idee: Sie könnte doch die Zeit nutzen, um sich einen passenden Namen zu überlegen. Sie und Dean hatten schon Stunden damit verbracht, Namen durchzugehen, welche zu googeln, im Verwandten- und Bekanntenkreis oder bei Prominenten nach schönen Namen zu suchen. Doch der richtige war noch nicht dabei gewesen.

Valerie hätte Dean eine reinhauen können, als der doch tatsächlich *Benedikta*, nach seiner Urgroßmutter, vorgeschlagen hatte. Sie wollte einen süßen, putzigen Namen. Und seit sie wusste, dass es ein Mädchen werden würde, war sie noch pingeliger, was die Namensauswahl anbelangte.

Wie sie nun so wach lag, ging sie wohl Hunderte Namen durch. Sie dachte an alle Schauspielerinnen, die sie kannte, an alle Sängerinnen, die ihr in den Sinn kamen. Doch es war irgendwie nicht das dabei, was sie sich vorstellte. Plötzlich kam ihr ein Gedanke. *Was haben denn eigentlich die ersten Menschen damals gemacht? Die noch keine Namensvorlagen hatten? Haben die sich einfach irgendwas ausgedacht? Wie waren Adam und Eva auf die Namen für ihre Söhne gekommen?* Adam und Eva …, Eva …, Eva. Eva war ein schöner Name, an den hatte sie noch gar nicht gedacht! Eva oder Eve. Eva, Evchen …

»Dean! Wach auf, Dean!«, rief sie plötzlich ganz aufgeregt und schüttelte ihren Mann heftig.

Der schrak hoch. »Was ist passiert? Ist die Fruchtblase geplatzt? Fangen die Wehen an?« Er sah sie voller angespannter Erwartung an.

»Nein, nichts dergleichen.«

»Was machst du dann so einen Lärm?«

»Ich hab endlich einen Namen für unsere Kleine. Den perfekten Namen!«

»Und deshalb weckst du mich? Konnte das nicht bis morgen Früh warten?«

»Für mich ist es bereits seit Stunden *morgen Früh*. Die Kleine lässt mich schon wieder nicht schlafen. Da kannst du dir wenigstens einen Namen anhören«, sagte Valerie beleidigt.

»Okay, dann sag mal!«

»Eva! Was hältst du davon? Ist der nicht fantastisch?«

»Einverstanden«, stimmte Dean ohne Widerrede zu.

»Einfach so? Einverstanden?«

»Ja. Eine Großtante von mir hieß Eva. Ist okay für mich. Kann ich jetzt weiterschlafen?«

»Klar. Schlaf gut«, sagte sie und zwei Sekunden später war Dean auch schon wieder eingedöst.

Eine Großtante von ihm hieß Eva? Fand Valerie den Namen mit diesem Hintergrundwissen trotzdem noch so schön? Ja, das tat sie. Also, es war klar: Das Baby würde Eva heißen!

Valerie war glücklich, sie hatte endlich einen Namen für ihre Kleine, ihr Wunschkind. Sie konnte ja verstehen, wieso Dean nicht dieselbe Euphorie aufbrachte wie sie selbst. Er verstand halt nicht, was in ihr vorging. Er spürte die kleine Eva nicht 24 Stunden am Tag, er sah eben nur immer den dicken Bauch, und das auch nur abends, wenn er von der Arbeit kam. Die Männer taten ihr ein wenig leid, denn sie würden niemals erfahren, wie wundervoll es war, ein Leben in sich zu tragen. Ein Kind in sich heranwachsen zu lassen. Sie würden nie wissen, wie toll es ist, zu wissen, dass man der wichtigste Mensch auf der Welt für dieses Baby ist. Sie würden niemals dieses Gefühl kennen, wenn das Baby sich im Bauch bewegte, wenn es nachts trat. Okay, sie würden auch nicht die höllischen Schmerzen während der Geburt durchmachen müssen, aber Valerie wusste schon jetzt, dass sie es wert waren. Denn dieses Baby war das Wertvollste, was sie jemals haben würde.

Sie streichelte abermals ihren Bauch und sagte: »Eva, süße kleine Eva, wir werden das schon packen, richtig?«

Eva trat zur Antwort noch einmal zu und blieb dann still. Und Valerie schlief, glücklich und zufrieden, doch noch ein.

Wie Anna ein Mädchen wurde

Cathrin Kühl

Schon in frühen Jahren hatte Anna es nicht leicht im Leben. Ihre Mutter starb, als sie zwei Jahre alt war, und hinterließ neben ihrer Tochter auch ihren geliebten Mann und fünf Söhne. So wuchs Anna nur unter Männern auf.

Als sie älter wurde und in die Schule kam, schrieb sie lauter Einser und Zweier. Ihre älteren Brüder hatten ihr eine Menge beigebracht, auch wenn sie immer sagten, dass Anna nie so gut sein würde wie ein Mann. Schon gar nicht in Mathematik oder anderen naturwissenschaftlichen Fächern. Anna wünschte sich sehr, sie wäre auch ein Junge geworden, damit ihre Brüder nicht mehr auf sie herabsahen.

Mit neun Jahren gewann Anna einen Rechenwettbewerb und brachte einen Goldpokal nach Hause. Ihr Vater tätschelte ihr den Kopf und sagte: »Gut gemacht.«

Im Laufe des Tages kamen ihre Brüder von der Schule. Sie alle berichteten über ihr besonderes Tagesgeschehen. Der Älteste schaffte es, eine Verabredung mit einem hübschen Mädchen zu treffen, das bislang alle anderen abgelehnt hatte. Der Zweitälteste errang den vierten Platz bei einem Sportwettbewerb. Der dritte Sohn behauptete sich in einer Rauferei. Der Vierte aß einen Regenwurm und erhielt dafür Geld. Und der letzte Sohn wies eine drei in Mathematik vor und lag damit glatt über dem Durchschnitt.

Der Vater reagierte bei allen Brüdern gleich: Er jubelte, umarmte sie und erzählte ihnen, wie toll sie waren, weil sie besser als andere seien.

Anna fiel aus allen Wolken. Sie hatte etwas viel Tolleres geschafft und wurde nicht so bejubelt! Vielleicht hatten ihre Brüder ja recht, und als Mädchen wurde man nicht so gewürdigt, wie man es verdient hatte. Da fasste sie einen Entschluss: Ab heute wäre sie auch ein Junge.

Zwar wunderte sich ihre Familie, als Anna am nächsten Morgen mit kurzen Haaren, Jeans und einem weiten Hemd zum Frühstück erschien, aber sie fragten nicht weiter nach. In der Schule beachtete kaum einer ihr neues Aussehen. Viel auffälliger war ihr Verhalten. Anna prügelte sich auf einmal mit ihren Mitschülern, sie wurde laut im Unterricht, sie meldete sich für sportlichere Aktivitäten und verbrachte ihre Freizeit lieber mit Benjamin und Marko aus ihrer Klasse, anstatt mit den Mädchen darüber zu schwärmen, wie toll der letzte Poesiealbumeintrag aussah. Als die Klassenlehrerin sie daraufhin ansprach, zuckte Anna nur mit den Schultern. »Ich habe beschlossen, ein Junge zu sein.« Und genau das tat sie nun auch: Sie war wie ein Junge.

Für ein paar Jahre störte sich niemand an Annas ungewöhnlichem Aussehen. Doch dann begann die Pubertät in den Körpern und Gedanken von Annas Mitschülern, wie ein Samen, der langsam die Erdoberfläche durchbricht, und zu einer Blume heranwächst. Die Mädchen fingen an BHs zu tragen, enge Kleidung, die ihre Rundungen betonte, und mit Schmetterlingen oder Herzchen verziert war. Ihre Haare frisierten sie sich mit Haarspray und steckten sie hoch. Außerdem unterhielten sie sich über Nagelhaut und welcher der beste Nagellack war. Sie hingen in kleinen Gruppen auf dem Schulhof zusammen und kicherten ständig. Anna bewunderte diese Mädchen insgeheim, weil sie einfach sie selbst waren, und niemand sich daran störte. Sie traute sich jedoch nicht, auf sie zuzugehen.

Als Anna vierzehn war, begannen die Mädchen sich über sie lustig zu machen. Sie kleidete sich immer noch wie ein Junge, hatte kurze Haare und war besonders begabt in Mathematik. Sie nannten sie Manna, ein Zusammenschluss ihres Namens und dem Wort 'Mann'. Auch riefen sie hinter ihr her, dass sie später nicht heiraten bräuchte, immerhin hätte sie schon den idealen Mann gefunden - sich selbst. Je länger Anna all dies stumm ertrug, desto weniger wollte sie ein Teil dieser Mädchen sein.

Auch die Jungen grenzten sie inzwischen aus. Sie mochte vielleicht aussehen und sich verhalten wie ein Junge, aber sie war und blieb ein Mädchen. Sie begannen über Mädels und deren Verhalten zu sprechen, überlegten, welche Klamotten cool genug wären, um damit vor ihren Mitschülerinnen zu punkten, und diskutierten über Sportarten und Autos. Über Sport konnte Anna teilweise noch mitreden, aber beim Thema Autos versagte sie gänzlich. Automatikgetriebe, Drehzahlmesser, Heckspoiler und andere Fachausdrücke waren ihr ein Rätsel. So gehörte Anna schließlich nirgendwo mehr richtig dazu. Nur ihre Familie akzeptierte sie, wie sie war. Ihre Brüder rauften sich mit ihr wie immer. Sie wurde von ihrem Vater gelobt, wenn sie gute Noten nach Hause brachte, genauso wie ihre Brüder. Und wenn sie sich in einem sportlichen Wettbewerb behauptete, zollte ihre Familie ihr Respekt.

Tief in Anna wuchs jedoch der Wunsch, dass sie als Mädchen auch so akzeptiert und respektiert wurde wie als Junge. Doch wie sollte das gehen? Sie wusste nicht, wie man ein Mädchen war, aber war auch kein Junge. Gab es denn keine anderen Mädchen, die gut in Mathe und Naturwissenschaften waren, und gleichzeitig auch weiblich aussahen? War es allein Jungen vorbehalten, in logischen Fächern zu glänzen? Musste man als Mädchen hirnlose Gespräche über Nagelhaut und Zehenringe über sich ergehen lassen? Musste man gut in Kunst und Literatur sein? Anna war nun mal ein Mädchen, rein physisch gesehen. Aber wenn sie nach dem ging, wie sie sich verhielt, gehörte sie eher zu den Jungen. Wieso gab es keine anderen Mädchen wie sie?

Als Anna sechzehn Jahre alt war, zog ein neues Mädchen in ihre Nachbarschaft und besuchte ihre Klasse. Sie hieß Jessica. Ihre Haare waren lang und glatt, ihre Fingernägel in den Farben des Regenbogens manikürt. Sie trug hochhackige Schuhe und einen engen Hosenanzug, mit Strasssteinchen und Pailletten verziert. Zwischen den anderen Mädchen fiel sie nicht wirklich auf, aber als sie sich in Mathe, Chemie und Physik immer eifrig meldete und die richtigen Antworten wusste, wurde sie für Anna zu einer Art Vorbild.

In der ersten Woche fasste Anna sich ein Herz und sprach Jessica an. Diese lachte nicht über sie, wie die anderen Mädchen und rümpfte auch nicht die Nase. Im Gegenteil: Sie lud Anna zu sich nach Hause ein.

Eigentlich wollte sie Jessica fragen, wie man ein Mädchen wie sie wurde. Plötzlich kam Anna die Frage aber fürchterlich dumm vor. Nach einer Stunde, in der sie über Mathe und andere naturwissenschaftliche Fächer diskutiert hatten, nahm man Anna die Entscheidung ab. Es klingelte an der Tür und Jessica flötete: »Das werden die anderen sein.«

»Welche anderen?«, fragte Anna überrascht.

»Wir machen heute einen Mädchenabend«, antwortete Jessica. »Hab ich das nicht erwähnt? Du bist natürlich eingeladen. Die Mädchen freuen sich schon darauf, dich kennen zu lernen!«

Doch Anna zögerte erneut. Da käme gleich eine ganze Horde Mädchen, die aussehen würden wie Jessica. Bestimmt würden sie dann nicht weiter über ihre Lieblingsfächer reden, sondern über all die Dinge, von denen Anna keine Ahnung hatte: zum Beispiel wie man sich die Fingernägel bunt lackierte. Nein, blamieren wollte sie sich nicht.

»Ich hab ganz vergessen, dass ich nach Hause muss«, rief Anna und verschwand mit dieser lahmen Ausrede durch den Garten.

Zuhause ärgerte sie sich über sich selbst. Wäre sie bloß geblieben, hätte sie bloß nicht gezögert. Das war doch sonst nicht ihre Art. Sie lebte seit Jahren wie ein Junge und die kannten keine Angst! Sie hätte Jessica fragen sollen. Genau das würde sie morgen auch tun. Wie ihr Vater mal gesagt hatte: »Wenn man etwas ändern möchte, dann muss man es einfach tun.«

Am darauffolgenden Tag kam Jessica in der Pause zu ihr. »Was ist los mit dir, Anna? Habe ich dir irgendwas getan? Hätte ich dir das mit dem Mädchenabend vorher erzählen sollen?«

Zuerst druckste Anna herum und fand nicht den Mut, Jessica die Wahrheit zu sagen, doch schließlich riss sie sich zusammen. »Du bist echt schlau und ich finde dich auch nett. Aber ich sehe nicht aus wie ein Mädchen.«

»Das ist doch okay«, gab Jessica zurück. »Jeder sollte sich so anziehen, wie er es mag.«

Anna schüttelte den Kopf. »Ich will ja wieder aussehen wie eines! Solange habe ich wie ein Junge gelebt, gesprochen und gedacht, ich weiß nicht, wie es anders geht. Kannst du mir dabei helfen?«

Jessica antwortete mit einem Lächeln.

Nach der Schule gingen sie beide zu Jessica. Diese warnte sie diesmal vor, dass am Abend noch ein paar Freundinnen zu ihr kämen, um ihr bei Annas Verwandlung zu helfen.

Während Jessica ihren Kleiderschrank durchwühlte, staunte Anna, wie viele Kleidungsstücke sie besaß. »Das ziehst du an«, bestimmte Jessica schließlich und reichte ihr ein komplettes Outfit.

Anna wusste nicht, wie man das Neckholdertop schloss, doch Jessica half ihr. Als sie fertig war, betrachtete sich Anna im Spiegel. Schon sah sie wieder aus wie ein Mädchen – bis auf den Kopf, der immer noch einen Kurzhaarschnitt hatte.

»Was dir fehlt, ist ein wenig Haargel«, sagte Jessica und holte welches. »Das ist zwar von meinem Bruder, aber der merkt das schon nicht.«

Nachdem sie Anna die Haare frisiert hatte, sahen sie am Hinterkopf viel voluminöser aus und vorne hatte sie einen kleinen Seitenscheitel, von dem die Haare glatt und streng abliefen. Anna fand, dass ihr Gesicht nach dieser kleinen Veränderung bereits anders wirkte – weiblicher. Jessica besprühte sie mit einem Parfum und befahl ihr sich hinzusetzen. Jetzt duftete sie auch noch nach Blumen! Jessica puderte Anna das Gesicht und schminkte ihr das linke Auge. Dann drückte sie Anna den Lidschatten, den Kajalstift und den Mascara in die Hand und zeigte ihr, wie sie sich das rechte Auge schminken sollte. Nach dieser Prozedur erkannte Anna sich nicht wieder. Nie im Leben hätte sie gedacht, dass sie so aussehen konnte.

Als Jessicas Freundinnen am Abend vorbeikamen, erklärte Jessica ihnen kurz die Situation mit Anna.

»Es reicht nicht, sich wie ein Mädchen anzuziehen, du solltest dich auch wie eines benehmen«, pflichtete Jessica ihren Freundinnen bei, doch anstatt sie auszulachen, bewunderten sie ihr neues Aussehen und versprachen ihr zu helfen. Anna war begeistert. Ihre Brüder hätten lediglich mit dem Finger auf sie gezeigt, blöde Sprüche gerissen und sich dann mit ihr gebalgt.

Der Abend verstrich. Sie saß mit den Mädchen zusammen, unterhielt sich über Jungs und wie seltsam diese sich immer aufführten. Anna diente als gute Beraterin, hatte sie doch ihr halbes Leben mit Jungs verbracht. Jessica und ihre Freundinnen zeigten ihr, wie man sich in einem Rock hinsetzt, ohne dass dieser hochrutscht, wie man auf hochhackigen Schuhen läuft, ohne umzuknicken und auch wie man sich die Fingernägel lackierte. Sie redeten über Musik und Schauspieler, wer süß war und wer nicht, legten ihre überflüssigen Schminksachen für Anna als Geschenk zusammen und Jessica suchte noch einige Kleidungsstücke raus, die sie selbst nicht mehr trug. Am Ende des Abends tanzten sie durch das ganze Haus und Jessica zeigte ihr, wie sie sich dabei bewegte. Zum ersten Mal fühlte Anna sich richtig als Mädchen.

Für sie wurde es ein unvergesslicher Abend. Noch nie hatte sie als Mädchen so viel Spaß gehabt.

Sie bedankte sich bei Jessica und ihren Freundinnen für die Nachhilfe. Als sie mit zwei Tüten voller Kleidung und Makeup den Nachhauseweg antrat, hielt Jessica sie an der Haustür kurz zurück.

»Weißt du, Anna, du hast mich echt nachdenklich gemacht«, gestand diese. »Ich habe noch nie ein Mädchen kennengelernt, das beschlossen hatte wie ein Junge zu sein, und dann doch lieber wieder ein Mädchen sein wollte.«

»Ich habe dafür noch kein Mädchen kennengelernt, das sich nicht lustig über mich macht, und versucht mir zu helfen«, erklärte Anna.

»Hat dir der Tag denn geholfen?«

»Ja, sehr«, nickte Anna. »Ich habe herausgefunden, dass es toll ist ein Mädchen zu sein. Egal wie sehr ich auch immer versucht habe, ein Junge zu sein, ich bin und bleibe ein Mädchen. Und es ist viel komplizierter! All die Klamotten und die Schminke. Dazu das Tanzen auf den hohen Schuhen! Da haben Jungs es leichter.«
»Das stimmt«, pflichtete Jessica ihr bei.
»Nur in einer Sache haben wir es einfacher.«
»Und in welcher?«
»Mädchen können ganz einfach zu einem Jungen werden, aber umgekehrt geht das nicht«, kicherte Anna.
»Da hast du recht.«
Anna umarmte ihre neu gewonnene Freundin und machte sich auf den Nachhauseweg. Ihr fiel auf, dass es noch eine Sache gab, die es Mädchen erleichterte: andere Mädchen. Zwar ärgerten sie die meisten, aber diese paar Besonderen, die sie heute kennen gelernt hatte, waren eine enorme Hilfe für sie. Das war auch der entscheidende Unterschied: Mädchen halfen einander, ohne sich lustig zu machen. Unter ihren Brüdern oder auch damals mit ihren zwei Kumpels war es immer nur darum gegangen, wer der Größere, Schnellere, Bessere war. Heute Morgen noch war sie ein Junge gewesen, sowohl vom Aussehen, als auch vom Verhalten her. Da hatte sie nur in eine von zwei Kategorien gepasst: schwach oder stark.

Doch Mädchen waren viel facettenreicher: zickig oder niedlich, selbstbewusst oder schüchtern, lieb oder biestig, lustig oder langweilig… Mädchen konnten so vieles sein. Und das war toll!

Lieber Mädchen als Junge?

Annika Dirks

Erschöpft ließ ich mich in mein Bett fallen. Ich war noch nie in meinem Leben so froh gewesen, endlich schlafen zu können. Der Tag war mehr als anstrengend verlaufen und morgen würde ich gezwungen sein, wieder früh aufzustehen. Niedergeschlagen seufzte ich. Was würde ich darum geben, nicht mit Vater jagen zu müssen, sondern wie meine kleine Schwester gemütlich Zuhause zu sitzen? Aber nein, ich als Sohn hatte die Pflicht, irgendwann meine eigene Familie zu ernähren und somit war es unvermeidlich, das Jagen zu erlernen. Auch wenn ich kein Talent besaß, mich an die armen Tiere heranzuschleichen und sie mit einem Pfeil zu töten, blieb mir nichts anderes übrig, als meinem Vater zu gehorchen.

Ich verabscheute es, einen Hasen oder manchmal sogar ein Reh zu erschießen und es nach dieser Tat die ganze Zeit auf der Schulter zu tragen, bis wir endlich heimkehrten.

Und wenn ich einmal nicht jagte, dann hieß es Vater auf dem Feld helfen. Die Arbeit war fast noch anstrengender, denn die Sonne verbrannte mir die Haut und ich kam den ganzen Tag nicht aus dem Schwitzen raus.

Ich wusste nicht, was mir verhasster war. Feldarbeit oder Jagen? Wahrscheinlich beides gleich schlimm.

Da hatte es meine Schwester richtig gut. Sie konnte ausschlafen und musste nur ein bisschen Hausarbeit erledigen. Meiner Mutter beim Nähen helfen, kochen und die Hütte sauber halten. *So schwer kann das nicht sein*, dachte ich immer. *Nicht so schwer wie meine Aufgaben jedenfalls.*

Manchmal wünschte ich mir wirklich, ich wäre als Mädchen geboren. Dann würde niemand, insbesondere mein Vater, so hohe Anforderungen an mich stellen.

Mit diesen Gedanken schlief ich ein.

»Helena! Wirst du wohl endlich aufstehen! Wir müssen Wäsche waschen!«, hörte ich eine Stimme rufen. Verwirrt schlug ich meine Augen auf und fragte mich, warum meine Schwester noch nicht aufgestanden war. Bei dem Lärm, den Mutter veranstaltete, müsste sie doch aufwachen, oder? Wer konnte bei so einem Geschrei noch schlafen?

Ich ganz sicher nicht!

Langsam rollte ich mich aus meinem Bett und schlüpfte in meine Schuhe. Verschlafen rieb ich meine Augen und runzelte verwirrt die Stirn, weil ich irgendwie das Gefühl nicht los wurde, dass sich etwas verändert hatte.

Aber auf dem ersten Blick konnte ich nichts Ungewöhnliches erkennen, was nicht in mein Zimmer gehörte. Ein kleiner Schreibtisch, eine Truhe für meine Kleidung und das zu kleine Bett. Doch dann sah ich auf meine Füße. Wieso hatte ich Helenas Schuhe an, statt meine? Und wieso zum Teufel passen sie mir auf einmal? *Ich habe beinahe doppelt so große Füße wie sie,* dachte ich, *es kann unmöglich sein, dass meine Zehen nicht mal an den Rand der Schuhe stoßen. Da kann doch was nicht stimmen!*

Verwirrt schüttelte ich den Kopf, sodass mir blonde Haarsträhnen ins Gesicht fielen. *Blond?*

Entsetzt nahm ich eine dieser Strähnen und hielt sie mir vor meine Augen. Ich hatte schwarze, stoppelig kurze Haare! Wie konnten mir über Nacht blonde Haare wachsen!?

»Helena! Ich komme gleich hoch, wenn du nicht sofort runterkommst«, hörte ich wieder meine Mutter rufen. Ich ignorierte es, denn noch immer verstand ich nicht, was gerade passierte. Mit wackligen Knien ging ich zu der Spiegelscherbe, die an der Wand hing, und mir entfuhr ein entsetzter Schrei. »Das kann nicht sein! Das ist nicht real! Darf nicht real sein!«, flüsterte ich panisch.

Wie konnte ich über Nacht zu meiner Schwester geworden sein? Ihr lacht? Das ist mein vollkommener Ernst! Ernster war mir noch nie etwas!

Tatsache war, dass wenn ich mein Spiegelbild anschaute, ich eindeutig in einem weiblichen Körper steckte. Und nicht in irgendeinen weiblichen Körper, sondern in dem von meiner Schwester! *Ist das ein kranker Scherz?*, dachte ich.

Da hörte ich meine Mutter die Treppe raufkommen. Wahrscheinlich würde sie einen noch größeren Schock bekommen als ich. »Du bist ja doch wach«, sagte sie überrascht, als sie in meine Kammer trat. Das war alles? Kein: Oh mein Gott, du bist ein Mädchen?

Scherzte sie? Oder hatte ich etwas verpasst? Und noch eine wichtigere Frage: War Helena jetzt in meinem Körper?

Stand sie in diesem Moment genauso geschockt vor ihrem Spiegelbild? Ich hatte keine Ahnung.

»Warum schaust du, als hättest du einen Geist gesehen?«, fragte meine Mutter besorgt.

Sollte ich es ihr sagen? »Fällt dir nichts auf, Mutter?«, hakte ich nach.

Sie schüttelte irritiert den Kopf und musterte mich genau. »Was soll mir denn auffallen?«

Da wünschte man sich ganz unbedacht, lieber ein Mädchen zu sein, und was war? Dieser lächerliche Wunsch wurde natürlich sofort erfüllt, obwohl ich schon so oft wegen viel wichtigeren Sachen gebetet hatte, die aber einfach von Gott ignoriert worden waren. *Und da wundert sich der liebe Gott, dass nicht mehr so viele Kinder brav beten*, dachte ich. *Also, bitte!*

»Helena, wir müssen uns beeilen. Die Wäsche wartet«, ermahnte mich meine Mutter. Na gut, dann würde ich halt mitspielen und hoffen, dass sie die Veränderung nicht bemerkte und vielleicht würde mir der Tag auch ein wenig Spaß machen. Ich nickte und ging gefügig hinter meiner Mutter her, die mir einen riesigen Korb mit Wäsche in die Hände drückte und sich dann auf den Weg machte.

Ich konnte noch kein Glitzern des Wassers erkennen und ein Ende des Pfades war nicht in Sicht, da taten mir schon meine

Arme höllisch weh, dabei mussten wir noch mindestens zehn Minuten laufen. Und da hieß es immer, dass Mädchen keine Muskeln brauchen.

Jetzt wünschte ich mich wieder in meinen starken Körper zurück, denn meine Arme fühlten sich an, als würde ich Blei tragen.

Nach einem endlosen Fußmarsch kamen wir bei unserem kleinen Dorfbach an.

Das Wäschewaschen war ermüdend. Es war langweilig und dauerte eine gefühlte Ewigkeit.

Meine Mutter musste mir mehrmals helfen und langsam verlor sie die Geduld mit mir. Aber was konnte ich denn dafür, dass mich niemand Wäsche waschen gelehrt hat? Eben, nichts!

Während der Arbeit kam eine Freundin von Helena bei uns vorbei, ebenfalls mit einem Korb Wäsche und setzte sich zu mir.

»Hast du noch mit ihm gesprochen?«, fragte sie mich flüsternd.

Verwirrt schaute ich sie an. »Mit wem?«

»Na mit Balo. Mit wem denn sonst?«, lachte sie amüsiert.

Balo? Der schmächtige Junge, der den Mädchen immer Gedichte schrieb? Was wollte meine Schwester denn von dem? *Der ist doch viel zu sensibel!* »Warum sollte ich mich mit ihm unterhalten? Er ist mir zu mädchenhaft«, antwortete ich. Nur Mädchen konnten sich für Gedichte begeistern.

»Das ist doch jetzt nicht dein Ernst? Gestern hast du ihn noch für den Mann deiner Träume gehalten! Komm schon, du kannst mir doch alles sagen«, bettelte sie, doch ich schwieg. Genervt stand sie auf und entfernte sich einige Meter zum Wäsche waschen. Von dort aus konnte ich sie zwar noch sehen, doch würdigte sie mich keines Blickes. *Nun gut, was soll's?*

Vielleicht sollte ich ein bisschen mehr auf meine Schwester aufpassen, wenn sie sich so ein Sensibelchen wie Balo anlachen wollte. Wie sollte er meine Schwester ernähren? Indem er einen Hasen mit seiner Schreibfeder erlegte?

Nach einer halben Ewigkeit waren wir fertig und traten den Rückweg an. Hatte ich vorher gedacht, die Wäsche wäre schwer und meine Arme wären aus Blei, hatte ich mich geirrt. Nasse Kleidung war schwerer als trockene, aber so einen großen Unterschied hatte ich nicht erwartet.

Endlich wieder bei unserer Hütte hieß es kochen. Das Reh, das wir von einem der anderen Dorfbewohner im Tausch gegen etwas Getreide bekommen hatten, ausnehmen, Fell abziehen und aufschneiden.

Wenn ich ein Tier tötete, dann war da meist nur mäßig Blut vorhanden, aber beim Zubereiten spritzte es nur so. Mehr als ein Mal musste ich rausrennen, um mich vor der Hütte zu übergeben.

Wahrscheinlich bin ich schon ganz grün im Gesicht, dachte ich. Meine Mutter machte aber ungestört weiter, abgesehen von einigen Kommentaren, warum ich heute denn so schwächlich sei.

Ich schwächlich! Das war einfach zu viel. Der Tag war im Eimer. Ganz eindeutig.

Danach ging es mit nähen weiter.

Immer wieder stach ich mir mit der Nadel in die Finger, aber dieses verflixte Ding war auch einfach zu spitz! Meine Mutter hingegen saß da und ich konnte der Bewegung ihrer Finger nicht ansatzweise folgen. Genervt seufzte ich. Was würde mich noch erwarten?

Während ich Knöpfe annähte, bekam ich höllische Bauchschmerzen, so etwas hatte ich noch nie erlebt. Ich wollte mich hinlegen und ausruhen, aber meine Mutter meinte nur, dass das normal wäre. Was hieß hier normal? Ich hatte das Gefühl zu sterben! Aber als ich das sagte, lachte sie nur.

Und sie wollte eine fürsorgliche Mutter sein? Ließ ihren Sohn - halt, ihre Tochter - einfach vor ihren Augen verrecken?

Was war sie doch grausam!

Ich stöhnte, stand vornübergebeugt, den Bauch haltend und war kaum noch in der Lage etwas zu sagen, als sie mir plötzlich ein Kräutergemisch hinhielt. Besonders hilfreich war es nicht. Noch immer konnte ich nicht aufrecht gehen und ich hätte mich am liebsten auf dem Boden zusammengerollt.

Als ich dann auch noch auf unser Plumpsklo ging, wusste ich endlich, was mit Helenas Körper los war. Sie blutete. Natürlich hatte ich davon gehört, aber mir das nie so schmerzvoll und ekelig vorgestellt. Wie konnte sie damit nur arbeiten? Geschweige denn rumlaufen?

Ich stand kurz davor, meiner Mutter alles zu sagen. Dass ich gar nicht Helena war, also nur ihr Körper, aber gleichzeitig hatte ich das Gefühl, dass sie mir das nie glauben würde.

Nachher würde sie mich noch für verrückt halten und im Haus einsperren, damit ich meinen Eltern keine Schande bereiten konnte. *Ne, darauf kann ich verzichten. Also dann doch lieber diesen Mädchenkörper aushalten.*

Stolz reckte ich mein Kinn und trat wieder meiner Mutter gegenüber, wobei ich aufpassen musste nicht gleich vor Schmerzen über den Boden zu kriechen.

»Alles wieder gut?«, fragte sie skeptisch und musterte meine gerade Haltung. Ich nickte und biss die Zähne zusammen. Ich würde es schaffen! Irgendwie, egal wie lange es dauern würde. Ich wollte meinen männlichen Körper zurück.

Meine Mutter und ich fingen an, das Haus zu schrubben. Alles sollte blitzblank sein, wenn Vater von seiner Jagd zurückkommen würde. Als ich nach mir, also nach meinen Körper, fragte, war meine Mutter ganz verwundert. Sie würde keinen Dario kennen, fragte dennoch, ob er ein netter Junge sei und ob ich vielleicht Interesse an ihm hätte. Angewidert schüttelte ich den Kopf, aber dann wurde mir klar, dass Helena verschwunden war. Mit meinen Körper? Oder war ihr Geist noch in diesem hier? Langsam begann ich mir Sorgen zu machen.

Wie sollte ich in meinen Körper zurückkommen, wenn dieser nicht existierte? Musste ich für immer ein schwächliches Mädchen bleiben? Das durfte doch nicht wahr sein!

Ich konnte mich aber nicht lange diesen beunruhigenden Gedanken widmen, denn meine Mutter ermahnte mich, fester den Boden zu scheuern. Ich hatte aber langsam kein Gefühl mehr in den Händen und meine Befürchtung wurde wahr, dass ich tatsächlich noch das ganze restliche Haus säubern musste.

Erst als sich der Tag dem Ende zuneigte, hatte meine Mutter endlich Erbarmen mit mir und beendete die Arbeit für heute.

Nach diesem langen, verwirrenden und anstrengenden Tag ging ich müde und mit meinen Sorgen ins Bett. Irgendwie würde schon alles wieder gut werden. *Aber was wenn nicht?*, fragte ich mich und besorgt wanderte mein Blick über meinen viel zu weiblichen Körper. Würde ich so weiterleben können? Vielleicht könnte ich mich sogar irgendwann, wenn es nicht anders ging, mit meiner Situation abfinden. Verzweifelt schüttelte ich den Kopf, denn ich wollte kein Mädchen bleiben.

»Dario! Wo bleibst du denn? Dein Vater wartet schon«, erschrocken fuhr ich hoch und sah mich irritiert in meinem Zimmer um. Langsam ließ ich meinen Blick runter zu meinen Schuhen schweifen und stellte erleichtert fest, dass sie viel zu groß, breit und abgenutzt waren, um Helenas Schuhe zu sein.

Eilig stand ich auf und schaute mich in der Spiegelscherbe an.

Ich … war ich!

Mit meinen kurzen, schwarzen, stoppeligen Haaren.

Mit meinen blauen Augen.

Meiner Nase, die von einer Prügelei ein bisschen schief war.

Ich spannte meine Arme an und war fasziniert von den Muskeln, die sich dabei zeigten.

Da fing ich laut an zu lachen. Es war vorbei.

Alles nur ein dummer Traum. Da hatte mir meine Fantasie einen ganz schönen Schrecken eingejagt.

»Dario! Komm sofort herunter! Ihr müsst auf die Jagd gehen!«, hörte ich meine Mutter rufen und war erleichtert darüber. Jagd statt Wäsche waschen. *Gott sei Dank.*

Noch so einen grauenvollen Tag hätte ich nicht ertragen. Niemals.

Danke, lieber Gott, dass ich wieder ein Junge bin.

Mädchen zu sein, hatte mir dann doch zu viele Nachteile. Eindeutig zu viele Nachteile. Sollte ich irgendwann mal eine Frau haben, würde ich sie für das achten, was sie jedem Tag im Haushalt machte. *Nur bitte, lass das nicht noch einmal passieren! Die schrumpeligen Finger vom Wäschewaschen, das Bluten und das Kochen! Der reine Horror.*

Wahrscheinlich hätte ich nach einiger Zeit sogar angefangen, wie ein Mädchen zu denken, und das wäre mir dann doch zu weit gegangen. Stell dir nur mal vor, wenn ich plötzlich angefangen hätte über Gefühle zu sprechen. Oder Gedichte zu mögen? Alleine bei dem Gedanken wurde mir schon schlecht.

Da bin ich lieber weiterhin ein Junge.

Wer will schon freiwillig ein Mädchen sein?

Wettkampf

Sonja Schlegl

Die Trauergesellschaft näherte sich dem Sarg und im Hintergrund hörte man leises Flötenspiel. Min stand, als Familienmitglied des Verstorbenen, neben dem Sarg. Sie hatte Tränen in den Augen und konnte doch den Blick nicht von ihrem geliebten Vater nehmen. So schreckte sie auf, als sich plötzlich eine Hand in ihr Gesichtsfeld schob und eine Rose auf Hiltos Brust legte. Sie hatte gar nicht bemerkt, dass die ersten Elfen bereits beim Sarg angekommen waren. Dabei erfasste sie doch sonst jede Bewegung im Umkreis von hundert Metern. Heute war das jedoch nicht wichtig. Sie hatte ihren Vater verloren, und das durch einen dummen Unfall!

Es war eine Routinepatrouille gewesen. Einmal zur Trollgrenze im Norden und wieder zurück. Sie selbst war nicht dazu eingeteilt worden, und vielleicht war das auch gut so; sonst läge sie jetzt wahrscheinlich neben ihrem Vater, denn sie hätte sich diesen 'Spaß' mit den Trollen niemals entgehen lassen: Hilto hatte auf den Mauern der Grenzburg einen Troll entdeckt, der gerade an einem halbfertigen Turm arbeitete. Es war noch nicht einmal ein Krieger gewesen, nur ein einfacher Arbeiter. Aber Hilto hatte, ebenso wie sie, einen großen Hass auf Trolle. Schließlich hatten sie ihm die Frau, und Min die Mutter genommen. Also war er, so hatte man ihr berichtet, leise an die Mauer herangeschlichen. Sobald nichts mehr den Pfeil behinderte, hatte er sich aufgerichtet und etwas in der Sprache der großen Ungetüme geschrien.

Die Worte veranlassten den Troll näher an die Brüstung zu kommen und Hilto schoss auf sein Bein. Es war ungewöhnlich für ihn, dass er sich so gehen ließ, doch manchmal überwältigten ihn Wut und Trauer. Nach einigen weiteren Schüssen brach der Troll endgültig zusammen und brüllte vor Schmerzen. Als Hilto die Schreie hörte, hatte er sich verächtlich abgewandt und war hoch erhobenen Hauptes zu seinen Gefährten stolziert. An seinem Blick aber hatte man gemerkt, dass er in einer weit entfernten Zeit weilte. Er hatte sich zweifelsohne an ihre Mutter und deren Verlust erinnert, dachte Min traurig. Die anderen Elfen in der Gruppe hatten ihn noch warnen wollen, doch er hatte sie nicht gehört. So hatten die beiden Trollkrieger, die auf der Mauer aufgetaucht waren, ihn mit nur zwei gezielten Schüssen töten können.

Deshalb lag er nun im Sarg vor seiner Tochter, die ihm immer wieder lautlose, von Trauer geleitete Vorwürfe machte, wie er nur so unvorsichtig hatte sein können.

Zwei Tage später lud der König all seine Bogenschützen am Nachmittag zu sich in den Thronsaal. Min kam als eine der letzten und wurde wie immer kaum beachtet. Die Truppe musste sich noch daran gewöhnen, ein weibliches Mitglied zu haben. Die junge Elfe hoffte schon seit Langem, dass es bald noch mehr geben würde; sie wollte nicht den Rest ihrer Tage ignoriert werden, nur weil sie als einzige ein anderes Geschlecht besaß. Doch seit sie, als Mann verkleidet, bei dem jährlichen Auswahlverfahren zur Ernennung neuer königlicher Bogenschützen den ersten Platz belegt hatte, wurden alle Bewerber genauer auf ihr Geschlecht überprüft. Und der König konnte sich noch nicht dazu durchringen, das Turnier endlich auch für Frauen freizugeben.

Min hatte die letzten Tage getrauert und auch jetzt trug sie schwarz. Sie hatte sich, so gut es eben ging, damit abgefunden und konnte sich wieder voll auf ihre Pflichten als königliche Bogenschützin konzentrieren. Schließlich musste das Leben irgendwann weitergehen.

Als alle fünfundzwanzig Mitglieder eingetroffen waren, hob der König zum Sprechen an: »Ihr alle wisst, weshalb ihr hier seid. Wir brauchen einen neuen Anführer. Hilto war ein sehr besonnener Elf und würdig, diesen Posten zu bekleiden. Für seinen Nachfolger gilt es also, in große Fußstapfen zu treten. Allerdings wird es dieses Mal ein wenig anders ablaufen. Ich werde nicht einfach einen neuen Anführer ernennen. Nein, ihr werdet in einem Wettbewerb beweisen, wer am besten dafür geeignet ist. Mali - Hiltos Vorgänger - hat mir geholfen, einen Parcours aufzustellen, in dem die wichtigsten Eigenschaften eines Anführers der königlichen Bogenschützen getestet werden. Die Prüfung findet morgen Früh um sieben Uhr statt. Wir werden dann gemeinsam zum Start gehen. Und bevor ich mit Fragen bombardiert werde«, der König lächelte verschmitzt in die Runde, »möchte ich gleich sagen, dass ihr vorab keinerlei weitere Informationen bekommen werdet, und zwar von niemandem.«

Im Saal brach Murmeln und Murren aus, doch Min blieb still. Innerlich jedoch jubelte sie. Ob der König das absichtlich gemacht hatte? Durch diesen Wettbewerb gab er jedem, auch ihr, einer Frau, die sich hier praktisch eingeschlichen hatte, die Chance, Anführer zu werden. Sie hatte vor, sich diese Möglichkeit nicht entgehen zu lassen. So konnte sie beweisen, dass sie wirklich hierher gehörte.

Der König ließ die Bogenschützen einige Sekunden lang gewähren, dann hob er die Hand und es wurde schlagartig still. »Geht nun auf eure Zimmer und ruht euch aus. Wir sehen uns morgen!« Dann entließ er die fünfundzwanzig.

Min drehte sich sofort um und eilte mit großen Schritten in ihr Gemach. Es war nichts Besonderes, aber trotz seiner Schlichtheit – oder gerade deswegen – sehr schön und erfüllte die Bedürfnisse der jungen Elfe ganz und gar. Voller Tatendrang holte sie ihren Bogen und die Pfeiltasche, überprüfte alles auf seine Unversehrtheit, bestrich das Holz mit Wachs, um es geschmeidig zu halten, und setzte sich dann aufs Bett. Sie überlegte, was sie noch alles brauchen würde. Doch sie kam zu dem Schluss, dass ihr Bogen und Pfeile genügten.

Nach dem Lärm des Packens, fiel ihr auf, wie still es im Zimmer war, und ihre Gedanken schweiften wieder zu ihrem Vater. *Ich werde dich nicht enttäuschen!*, schwor sie ihm grimmig. Nein, ihr Ziel war es nicht, morgen nur gut zu sein, sondern zu gewinnen. Entschlossen stand sie auf, suchte sich eine enge, aber bequeme

Hose, und ein leichtes Wams aus ihrem Schrank. Beides war in den Farben des Waldes gehalten, sodass es ihr gute Tarnung bieten würde. Auch holte sie die guten weichen Lederstiefel - mit der dünnen, aber robusten Sohle - heraus, mit denen sie kaum einen Laut verursachen und ihre Füße trotzdem nicht verletzen würde. Rasch zog die Elfe ihre Ausrüstung an und trainierte bis zur Abenddämmerung. Sie kletterte auch ein wenig auf den Bäumen im Park herum, um ihre Geschmeidigkeit und Geschicklichkeit zu überprüfen. Rechtzeitig zum Essen war sie zurück im Schloss und legte sich danach sofort schlafen, um am Morgen ausgeruht zu sein.

Nachdem sich die königlichen Bogenschützen zur verabredeten Zeit im Thronsaal eingefunden hatten, erhob sich der König von seinem Thron und winkte den Bogenschützen, ihm zu folgen. Sie alle waren gespannt, wo der Parcours aufgebaut worden war. Im Kasernenhof? In der Stadt? Im Schlosspark? Im Wald? Auf der Wiese vor den Mauern der Stadt? Am Tor wartete Mali auf die Teilnehmer, und zusammen mit dem König führte er sie zum Wald. Die vorderen Elfen sahen schon bald die Abgrenzungen der Wettbewerbsfläche am Waldrand, doch Min war fast am Ende der Reihe. Als das Raunen weiter vorne begann, reckte sie sich so weit sie konnte, stellte sich auf die Zehenspitzen und versuchte, etwas zu erkennen. Doch erst als alle stehen blieben und sie sich nach vorne durchdrängeln konnte, erblickte sie den Anfang des Parcours. Eine kleine Fläche vor dem Wald war abgesperrt, dort würden alle Starter Aufstellung nehmen. Auch einige der Krieger des Königs und alte Bogenschützen, die schon im Ruhestand waren, warteten dort. Letztere würden auf Talente und Schwächen achten, erstere würden sich ihnen wohl im Parcours entgegen stellen. Und wie um ihre Vermutung zu bestätigen, nickte Mali den Elfenkriegern zu, und diese verschwanden im Wald.

Min bekam ein mulmiges Gefühl. Hoffentlich waren die Waffen nicht scharf! Sie hatte nicht genau erkennen können, ob die Schwerter wie echte aussahen. Trotzdem brannte sie darauf, endlich anzufangen. Und erneut schien es, als ob jemand ihre Gedanken gelesen hätte: Der König wandte sich um, breitete die Arme aus und sagte: »Meine Bogenschützen! Hier beginnt also der Wettbewerb. Im Wald ist eine Strecke abgesperrt, die ihr bewältigen müsst und am Ende gibt es eine Zielscheibe, die es zu treffen gilt. Wessen Pfeil dort als erstes steckt, wird der nächste Anführer, solange meine Beobachter nicht sagen, er habe geschummelt oder unfair gekämpft. Was mich gleich zum nächsten Punkt bringt: Allen wird nur ein einziger Pfeil gestattet; ihr sollt hier eure Geschicklichkeit beweisen, nicht eure Schießwut. Bitte legt nun die restlichen Pfeile ab; für den einen verbliebenen wird Mali jedem einen Namensaufkleber geben, damit wir den Besitzer zweifelsfrei feststellen können. Sobald das Hornsignal ertönt, geht es los. Somit bleibt mir nur noch, euch viel Glück zu wünschen!«

Der König ließ die Arme sinken und trat zur Seite. Sofort drängten die Bogenschützen auf Mali zu und holten sich ihre Aufkleber ab. Auch Min stellte sich an, aber sie war geduldiger, auch wenn sie ihren dann als letzte bekam. Sorgfältig, damit er keine Falten warf und die Flugbahn des Pfeils veränderte, heftete sie den Aufkleber auf den Schaft und gesellte sich zu den wartenden Bogenschützen. Kaum dass sie stand, ertönte schon das Horn und alle stürmten in den Wald.

Min seufzte innerlich auf. Wieso waren Männer nur so ungeduldig? Sie ließ sich Zeit. Wenn sie hinten blieb, hatte sie gute Chancen, dass die meisten Fallen schon ausgelöst wurden, bevor sie überhaupt in deren Nähe kam. Dennoch durfte sie nicht zu weit zurückfallen; es gab sicher auch Fallen, die mehrmals zuschnappten und die Min umgehen konnte, indem sie die Elfen vor ihr beobachtete. Außerdem wollte sie ja am Ende nicht als Zweite oder Dritte an der Zielscheibe ankommen, sondern als Erste.

Also beschleunigte sie ihr Tempo und sah sich aufmerksam um. Die meisten der anderen Teilnehmer versuchten, genau wie sie, so wenig Lärm wie möglich zu machen, deswegen konnte sie die anderen Waldgeräusche noch vernehmen. Sie schärfte sich selbst ein, gut auf Veränderungen im feinen Klangteppich der Natur zu achten. Und prompt bemerkte sie eine: Da war ein Geräusch, das nicht hierher gehörte.

Sofort blieb Min wie angewurzelt stehen. Doch die Veränderung war weiter vorne, wie ihr das überraschte Keuchen eines Elfen kurz darauf verriet. Min beeilte sich, auf einen Baum zu klettern, um zu sehen, was geschehen war. Behände schwang sie sich an den Ästen einer Birke nach oben, bis sie den Ort des Geschehens erkennen konnte. Sie musste ziemlich weit nach oben, doch da sie als Frau recht leicht war, hielten auch die dünnen Äste.

Etwa dreißig Meter vor ihr waren einige der Bogenschützen von Kriegern überfallen worden. Sie hatten sich wohl im Gebüsch versteckt und hatten dann aus dem Hinterhalt angegriffen.

Verächtlich verzog Min den Mund: Das war ja wohl eine äußerst primitive Falle! Wer da hinein tappte, war schon selten dämlich. Und wie es aussah, waren das fünf. Jeder, der von einem Schwert getroffen wurde, musste aufgeben und trottete mit hängendem Kopf davon.

Min blieb noch einen Moment sitzen und beobachtete, ob die Krieger dort verweilen würden oder sich tiefer in den Wald begaben; sie blieben.

Seufzend hangelte sich die Elfe so rasch es ging zu den nächsten Bäumen hinüber, bis sie die Stelle des Überfalls hinter sich gelassen hatte. Die übrigen Bogenschützen hatten es ebenfalls vorbeigeschafft. Wäre ja auch peinlich gewesen wenn nicht. Min ließ sich gerade eben wieder auf den Boden hinab, als schon die nächste Falle ausgelöst wurde. Dieses Mal direkt vor ihr. Ein unvorsichtiger Elf hatte eine Veränderung des Untergrunds übersehen und war in eine Grube gestürzt. In feindlichem Gebiet wäre diese wohl mit spitzen Pflöcken gespickt gewesen und er tot. Min notierte sich auch diese Falle auf ihrer gedanklichen Liste.

Mittlerweile war die Bogenschützin wieder inmitten ihrer Gefährten. Ärgerlich blieb sie stehen und ließ die meisten passieren; sie hörte einfach nichts in diesem Pulk! Und wieder zahlte sich ihre Geduld aus: Der vorderste Elf stolperte trotz erhöhter Aufmerksamkeit über einen fast unsichtbaren Draht. Er schlug der Länge nach hin, zum Glück für ihn. Es sauste nämlich sofort ein Schwall mit Lumpen umwickelter Pfeile aus dem Gebüsch hervor und traf die unglücklichen Elfen, die sich in unmittelbarer Nähe aufhielten.

Erstmals ertönten unterdrückte Schmerzensschreie, denn obwohl die Pfeile stumpf waren, schmerzte doch allein die Wucht ihres Aufschlags. Ein paar Knappen der Elfenkrieger tauchten unter der Absperrung hindurch aus dem Unterholz auf und führten die sechs Getroffenen hinaus. Der immer noch am Boden kauernde Elf rappelte sich mit verlegener Miene auf, doch er durfte weitermachen; er hätte schließlich überlebt. Allerdings ließ er nun andere vorgehen, auch wenn sich keiner mehr um die Führungsposition riss.

Min musste ein Kichern unterdrücken. Auch Männer konnten also lernen.

Es waren nur noch dreizehn Bogenschützen übrig, obwohl erst drei Fallen zugeschnappt waren. Min durfte jetzt nicht zu weit zurückfallen, weshalb sie sich entschloss, nun den wahrscheinlich sichereren Weg über die Bäume zu nehmen. Keiner der anderen war leicht genug, um weit oben in den Wipfeln entlangzugehen. Deshalb standen die Chancen gut, dass dort keine Fallen aufgebaut worden waren.

Bevor sie den Baum wechselte, suchte sie jedes Mal gründlich die Äste ab, ob ihr irgendetwas Ungewöhnliches auffiel. Das kostete zwar Zeit, aber auch die Bogenschützen am Boden bewegten sich nun sehr viel langsamer vorwärts. Und Mins Vorsicht wurde belohnt: etwa zwanzig Meter nach der letzten ausgelösten Falle entdeckte sie in einem Baum ein Gewirr aus dünnen Seilen. Man würde sich hoffnungslos verheddern und bestimmt eine Falle aktivieren, wenn man sie berührte.

Min ließ sich hinter dem letzten Elfen auf den Boden hinab und wartete darauf, dass diese weitergingen, um nach der Baumfalle wieder in die Wipfel hinaufsteigen zu können. Doch vorne rührte sich nichts. Anscheinend war auch am Boden eine Falle. *Sehr schlau*, dachte Min anerkennend. Die Macher des Parcours hatten eine relativ offensichtliche Falle am Boden gestellt, um dann die, die klug sein wollten und über die Bäume auswichen, in eine zweite zu locken. Rasch blickte sie sich um und tatsächlich - in allen drei Bäumen ringsum erkannte sie diese Fäden. Der Plan ging auf: schon kletterten die ersten Elfen die Bäume hinauf. Die Seile waren so weit oben gespannt, dass, als der erste sie erreichte, bereits jeweils zwei weitere Elfen den Aufstieg begonnen hatten. Keiner bemerkte die Fäden, doch dann wurden die Unteren plötzlich mit Steinen bombardiert. Schmerzerfülltes Stöhnen erklang, wenn einer traf. Die drei Elfen, die als erstes die Bäume bestiegen hatten, kletterten schnell weiter hoch, um nicht getroffen zu werden. Das war allerdings ein Fehler, denn sie verhedderten sich so, dass sie sich nicht mehr rühren konnten. Wieder neun Bogenschützen ausgeschaltet. Blieben noch vier.

Unterdessen überwand Min die Falle am Boden. Sie bestand aus einer getarnten Grube, aber mit einem beherzten Sprung gelang es, sie zu überwinden. Doch als alle Elfen auf der anderen Seite waren, stürmten brüllende Krieger auf sie los. Zwei der Bogenschützen wurden überrascht, da sie nicht mit einem weiteren Hindernis so kurz nach dem letzten gerechnet hatten. *Selbst Schuld!*, grinste Min schadenfroh in sich hinein. Sie mussten den Wettkampf verlassen, und die junge Elfe überlegte kurz, ob sie ihnen freundlich nachwinken sollte; doch so gemein war sie dann doch nicht.

Der andere und Min hingegen schlugen jeweils einen der Krieger mit ihren Bogen nieder und flohen dann vor den restlichen. Da sie selbst keine Rüstungen trugen, konnten sie ihnen leicht davonlaufen.

Es waren also nur noch Min und Hor übrig. Verblüfft blieb die Elfe stehen, als sie erkannte, wer außer ihr noch die Chance hatte, Anführer zu werden. Hor war nämlich kein Elf, sondern der Sohn eines Menschenkönigs. Er gehörte zu den Bogenschützen, um die freundschaftlichen Beziehungen zwischen den Ländern zu festigen.

Auch Hor musterte sie erstaunt. »Na sieh einer an«, grinste er dann anzüglich. »Wer hätte gedacht, dass meine letzte Konkurrentin ausgerechnet die Schönste der Elfen ist?«

Mins Gesicht färbte sich vor Ärger rot. Sie wusste, dass Hor ein Auge auf sie geworfen hatte. Weshalb sie ihm auch so gut es ging aus dem Weg gegangen war. Sie holte tief Luft, um ihn anzugiften, als ihr Blick von etwas angezogen wurde. Die Elfe stieß die Luft wieder aus und sagte dann: »Sieht so aus, als wäre das die letzte Falle gewesen.«

Hor drehte sich sofort um und nun konnte auch er die Zielscheibe sehen, die etwa sechzig Schritt entfernt stand.

Min reagierte sofort. Sie hob ihren Bogen und sobald der Mensch sie nicht mehr ansah, zog sie ihren Pfeil aus dem Köcher und legte ihn auf. Doch sie hatte Hor unterschätzt. Als er das Geräusch des knarrenden Holzes hörte, stürzte er sich auf sie und entriss ihr den Pfeil.

Grinsend wedelte er damit vor ihrem Gesicht herum. »Nein, nein, von dir lasse ich mir den Sieg nicht nehmen!«, feixte er. »Blöd, wenn man als Frau nicht so stark ist, was? Allerdings ... ich hatte sowieso nicht gedacht, dass ich gewinnen könnte, und ich weiß nicht, ob dein König einen Menschen als Anführer seiner Bogenschützen dulden würde. Dennoch würde ich es natürlich versuchen. Aber was hältst du von einem Deal: Ich bekomme einen Kuss, dafür lasse ich dich gewinnen. Na?«

Hor war sich wohl sicher, dass sie annehmen würde, denn es funkelte schon ein lüsterner Ausdruck in seinen Augen. Doch Min beabsichtigte nicht, auf den Vorschlag einzugehen. Sie wollte weder verlieren, noch ihn küssen! Aber sie hatte noch einen Trumpf im Ärmel. Ganz dicht trat sie vor ihn, hob dann erst den Kopf und musterte ihn feindselig. Hor grinste nur noch breiter. Das war genau das, was er erwartete. Unverhohlen ließ er den Blick über ihren Körper schweifen und legte ihr auch noch die Arme um die Taille. »Wie lautet deine Entscheidung?«, fragte er mit heiserer Stimme.

Min musste sich beherrschen, um nicht angewidert zurückzuweichen. Sie hob die Arme, wie um sie ihm um den Nacken zu legen, sah ihm tief in die Augen - und meinte dann kalt: »Nein!« Damit holte sie aus und schmetterte Hor ihren Bogen mit aller Macht gegen die Schläfe.

Verächtlich blickte sie auf den bewusstlos zu Boden gesunkenen Menschen hinab. »Trottel. Manchmal ist es gut, eine Frau zu sein!«

Dann spannte sie den Bogen und schoss ihren Pfeil, den sie Hor wieder abgenommen hatte, genau in die Mitte der Zielscheibe.

Sie hatte es geschafft.

Ihr Vater wäre sicher stolz auf sie gewesen.

Schnee

Mika Khalil

Das Gebäude lag im Dunkeln. Mondlicht fiel durch die Fenster und beleuchtete die leeren Gänge der Schule. Staubflocken schwebten in dem zaghaften Licht, welches milchige Silhouetten auf den Fußboden malte. Der Unterricht war schon seit Stunden beendet. Neve jedoch streifte durch die Korridore, die in der Nacht noch endloser erschienen als am Tage. Er kam an seinem Klassenzimmer vorbei und sah hinein. Sein leerer Blick wanderte über die verlassenen Bänke, die sauber geputzten Tische und Böden, die Plakate, die aufgereiht an der Wand hingen, und die Regale, in denen Bücher auf ihren nächsten Einsatz warteten.

Nichts von alledem würde sich ändern.

Am nächsten Morgen würden all diese Eindrücke unverändert und unbemerkt weiter bestehen. Obwohl Neve vorhatte, sich an diesem Abend von der Welt zu verabschieden, würde am nächsten Morgen keine Veränderung eintreten. Die Welt würde sich weiter drehen und nach ein paar Tagen, würde man sich nicht mehr an sein Gesicht und seinen Namen erinnern. Weil es einfach immer so war.

Neve stieg eine Stufe nach der anderen empor und erreichte die oberste Etage der Schule, wo ihm eine Tür den Weg versperrte. Diese Tür galt es zu überwinden, danach konnte er in die Tat umsetzen, weswegen er gekommen war. Von allen Methoden, sich das Leben zu nehmen, erschien ihm der Sprung vom Dach seiner Schule als sicherster. Kurz und schmerzlos!

Vorsichtig brach er mit einem Dittrich, den er vom Schlüsseldienst gegenüber seines Wohnhauses geklaut hatte, die Tür auf und stieg hinaus auf das Dach. Der Wind war kühl und Neve schlang unwillkürlich die Arme um sich. Die Winter in seiner Stadt, waren noch nie angenehm gewesen, doch in diesem Augenblick spürte er die Kälte zum ersten Mal richtig.

Seine Schritte waren schleppend, so als wären seine Füße aus

Blei. Sein pechschwarzes Haar flatterte vom Wind wild um sein Gesicht. Da erkannte er jedoch, dass ihm ein Strich durch die Rechnung gemacht wurde. Dort, am Geländer des Daches, stand offenbar jemand. Der erste Gedanke beim Anblick der Person war ein Anflug von Wut gewesen, doch als er sich Schritt für Schritt näherte, überkam Neve vielmehr ein mulmiges Bauchgefühl. Die Tür war versperrt gewesen, er hatte sie mit dem Dittrich aufgebrochen. Wie um alles in der Welt konnte hier also jemand sein?

Neve formte die Augen zu Schlitzen, in der Hoffnung, besser erkennen zu können, wer dort am Geländer stand. Und tatsächlich erkannte er ein junges Mädchen. Sie trug eine adrette Uniform, mit Faltenrock und Baskenmütze. Ihre Haut wirkte wie aus Porzellan, was Neve beeindruckte. Von hinten war sie schön anzusehen, fraglich war nur, was die Unbekannte hier suchte. Sicherlich war sie nicht hier oben, um die schöne Aussicht zu genießen!

Desto näher er ihr kam, desto unbehaglicher wurde ihm. Dennoch schritt er mutig voran, es wäre absurd nun die Flucht zu ergreifen. Er wollte sterben, da zählten all diese Gedanken und Gefühle nicht. Sie würden sowieso verschwinden.

Dort stand Neve nun. Vor seinen Lippen bildeten sich Atemwölkchen von der kalten Winterluft. Händereibend starrte er das Mädchen an, welches ihm noch immer nicht ihr Gesicht gezeigt hatte. Neve glaubte, sie hätte ihn noch gar nicht bemerkt. Er wurde jedoch eines Besseren belehrt, als ihre ruhige Stimme die Stille der Nacht durchbrach.

»Was ist? Wolltest du nicht vom Dach springen?«, fragte sie, was ihm für einen Moment die Luft nahm. Ungläubig sah er das fremde Mädchen an, das ihm nach wie vor den Rücken zuwandte und ihren Blick über die Stadt schweifen ließ. Ohne auf die Frage zu antworten, stellte er sich neben sie und gab sich keine Mühe, seine neugierigen Blicke zu verbergen. Er sah sie genau an. Sie hatte ein hübsches Gesicht, zart geschwungene Lippen und müde wirkende Augen, die so blau waren, das es ihm unmenschlich vorkam.

»Und du? Bist wohl kaum zum Luft schnappen hier oben«, erwiderte er mit höhnischem Unterton. Sie reagierte nicht und für einen Moment herrschte bedrückendes Schweigen.

Neve seufzte, ignorierte das Mädchen und kletterte über das eiskalte Geländer. Nun trennte ihn nur noch ein Schritt vom Tode. Doch anders als erwartet, war er nicht nervös oder aufgewühlt. Im Gegenteil, er fühlte rein gar nichts.

Sein Blick lag auf der Stadt zu seinen Füßen. Von dort oben sahen all die Häuser genauso aus, wie der klare Nachthimmel über ihm. Ein Meer aus Sternen, ein Meer aus Lichtern. Weit weg von ihm, dieses Leuchten in der Ferne.

Neve atmete einmal tief durch, schloss die Augen und lauschte der Stille, die nur durch das Pfeifen des Windes unterbrochen wurde. Erst jetzt erkannte er, wie sehr sein Körper zitterte, sein Bewusstsein bangte und Angst sich wie die kalte Winterluft um ihn legte. Seine Atmung beschleunigte sich und sein Herz hämmerte gegen seinen Brustkorb. Gefühle wie diese hatte er noch nie so intensiv erlebt. Gedanken und Erinnerungen schwirrten in seinem Kopf und nicht einen davon bekam er zu fassen.

Ein einziger, weiterer Schritt und alles wäre aus!

Neve musste bitter lächeln. Steif stand er auf der Brüstung und hoffte, nicht jeden Moment abzustürzen, was eigentlich absurd klang. Dann sagte er plötzlich etwas zu dem Mädchen, welches unverändert in die Weiten des Himmels blickte.

»Du solltest jetzt besser gehen. Den Tod eines Menschen mit anzusehen ist nicht so leicht zu verkraften, schon gar nicht für eine Frau.«

»Spiel nicht den Rücksichtsvollen. Lass dich nicht stören«, antwortete sie.

Neve rümpfte die Nase und schüttelte leicht den Kopf. Was war das bitte für eine Reaktion? »Tz! Dann erleide eben ein Trauma, das kann mir egal sein. Wenn ich tot bin, brauche ich mir dein

Elend dann nicht antun und mir Vorwürfe machen …!«

»Damit liegst du nicht falsch, ja. – Bevor du springst, will ich dir aber noch etwas sagen«, seufzte sie gelangweilt, woraufhin Neve mit einem leichten Anflug von Neugier erwartungsvoll schwieg.

Zaghaft sah er über seine Schulter zu ihr.

Ihr Blick traf den seinen und … es passierte.

Überrumpelt von dem Blickkontakt, verlor Neve das Gleichgewicht und rutschte ab. Er hielt die Luft an. Am liebsten hätte er panisch geschrien, doch seine Stimme war fort. Kein Laut konnte seiner Kehle entweichen, aber nicht nur das, auch sein Blick verschwamm. Alles begann sich zu drehen und das Blut rauschte ihm in den Ohren. Dann spürte er einen dumpfen Schlag am Rücken.

»Deine Mutter, sie möchte nicht, dass du springst. Sie gibt dir nicht die Schuld an ihrem Tod. Willst du das Leben, welches sie gerettet hat, einfach wegwerfen?« Die blauen Augen des Mädchens sahen von oben auf ihn herab. Ihr trauriges, müde wirkendes Gesicht sah direkt in seines. Erst jetzt bemerkte er, dass ihr Haar schneeweiß war.

Neve begriff, dass er rücklings auf das Dach gefallen war. Wieso war ihm der Sturz dann nur so unglaublich weit vorgekommen? Er war zu verwirrt, um darüber nachzudenken. Der Schock saß ihm in den Knochen. Hatte er wirklich so viel Angst davor gehabt, in die Tiefe zu stürzen? Aber er war doch bereit gewesen! Statt jedoch wütend über seine scheinbare Feigheit zu werden oder vor Selbstzweifel wie ein kleines Kind zu weinen, seufzte er erleichtert und starrte an dem Mädchen vorbei, hoch in den Sternenhimmel, aus dem plötzlich der Schnee zu fallen begann. Langsam und leise.

»Woher weißt du von meiner Mutter …? Wer hat dir davon erzählt …?«

»Sie selbst.«

Neve schüttelte ungläubig den Kopf, brachte es aber nicht über sich, dass fremde Mädchen anzuschreien. Das war die dämlichste

Antwort, die sie ihm hätte geben können, schließlich war seine Mutter tot. Sie war gestorben, als sie ihn vor einem heranrasenden Auto gerettet hatte. Dieses Mädchen konnte diese Information also kaum von einer Toten haben, folglich hatte einer seiner Bekannten geplaudert.

Erschöpft setzte sich Neve auf und atmete noch einmal tief durch, ehe er sich erhob und seine Kleidung vom Dreck befreite. Ohne weiter die Fremde zu beachten, lief er in Richtung Tür. Für den Moment, hatte er genug. Doch bevor er das Dach verließ, drehte er sich zu dem Mädchen um, welches wieder über die Dächer starrte, und sagte mit klarer, fester Stimme: »Wag es bloß nicht, morgen wieder hier zu sein!«

Er wusste selbst nicht genau, wieso er gleich am nächsten Morgen noch vor der ersten Stunde auf das Dach gestiegen war und missmutig auf die Stadt hinabblickte. Bei Tag fühlte sich das Dach befremdlich an. Als ob das Szenario vom Vortag nie passiert wäre.

Die Nacht über hatte Neve kaum geschlafen. Sein Körper war in ständiger Alarmbereitschaft gewesen. Nahm jede Regung wahr, wie unbedeutend sie auch sein mochte. Seine Sinne waren geschärft gewesen und jedes noch so kleine Geräusch hatte ihn hochschrecken lassen. Mit solch einer Reaktion hatte er nicht gerechnet. Er hatte geglaubt, für den Tod bereit zu sein, aber das war er scheinbar nicht. Das war ihm nun klar geworden.

Niemand befand sich auf dem Dach, er war völlig allein. Dieses Mal jedoch, herrschte keine Stille vor. Stimmen in der Ferne, Vögel am Himmel und das Rumoren der Automotoren auf den Straßen. Überall klang es nach Leben.

»Ich hoffe du bist nicht hier, um einen neuen Versuch zu starten«, hörte er eine Stimme fragen. Aus irgendeinem Grund war er nicht überrascht, als das Mädchen wie aus dem Nichts neben ihm auftauchte. Sie hatte dieselbe Haltung wie am Vorabend angenommen. Man könnte meinen, sie hätte dort die ganze Zeit gewartet.

Sein Blick ruhte auf der Fremden, was diese in keinster Weise irritierte. Als er antwortete, steckte er beiläufig die Hände in die Hosentaschen und blickte in die Ferne.

»Hatte ich mich so unklar ausgedrückt? Sonst wärst du wohl kaum wieder hier oben.«

»Nun, ich bin *immer* hier. Das hätte ich dir auch gestern schon gesagt, wenn du meine Antwort abgewartet hättest.«

»Die Antwort interessiert mich nicht, es war auch keine Frage oder Bitte, sondern eine Aufforderung! Von mir aus auch Befehl! Verstehst du den Unterschied?!«

»In dem Fall ist es keine Antwort, sondern eine Information, um dir zu verdeutlichen, wie sinnlos dein Befehl ist.«

Neve schnaufte verärgert, antwortete aber nicht darauf und ließ letzte Nacht in Gedanken Revue passieren. Erst die Stimme des Mädchens holte ihn in die Gegenwart zurück, als es fast gelangweilt von Neves Mutter sprach.

»Weißt du, deine Mutter ist hier. Ich kann sie deutlich sehen. Sie ist die ganze Zeit bei dir. – Siehst du das nicht, wenn du in den Spiegel schaust?«

Neve reagierte nicht sonderlich empfindlich auf Sticheleien, doch wenn es um seine verstorbene Mutter ging, wurde er binnen Sekunden fuchsteufelswild. Nur dieses Mal nicht. Er war völlig ruhig, verspürte keinerlei Groll und tat nichts weiter, als die Fremde aus dem Augenwinkel anzusehen. Ihr puppenhaftes Gesicht blieb starr und regte sich nicht.

»Dann ... hat sie alles gesehen ...«

»Richtig. Das hat sie.«

»Dann sollte ich mich wohl entschuldigen ...«

Erneut herrschte Schweigen. Ihm fiel auch nichts ein, um es zu brechen, und er suchte deshalb nach einer Ablenkung.

Die Luft um ihn herum war anders. Die klaren Linien der Umgebung wirkten plötzlich schummrig und undeutlich. Als steckte er in einer Seifenblase, durch dessen schillernde Hülle er die Außenwelt beobachtete. Durch eine dünne Haut mit farbenreichen, blassen Fragmenten, die das Sonnenlicht auffingen und zu schimmern begannen.

Obwohl er sich sicher war, bereits seit Stunden auf den Beinen zu sein, glaubte Neve in diesem Moment, sich in einem Traum zu befinden. Und trotz dieser unbegreiflichen Eindrücke, fühlte er sich beruhigt und zugleich wohl in der Nähe dieses Mädchens.

»Es schneit ...«, sagte sie, unwissend über seine wirren Gedanken. Vorsichtig wagte er einen Blick gen Himmel, aus dem die kleinen Kristalle hinabschwebten und an der Hülle der Seifenblase vergingen.

»Ich träume, oder ...?«

»Nein. Du träumst nicht«, war ihre knappe Antwort, aber welcher Traum gab sich schon zu erkennen?

»Dann halluziniere ich«, gab er zurück, woraufhin das Mädchen kicherte.

»Nein, auch das tust du nicht, Neve.«

»Du kennst meinen Namen, aber ich kenne deinen gar nicht. Also wie heißt du?«

»Hm. Das überrascht mich jetzt. Erinnerst du dich denn nicht an mich?«, fragte sie leicht enttäuscht, lächelte ihn aber dabei an. Neve blieb stumm, erwiderte ihren Blick verwirrt und hoffte auf eine Aufklärung. Erneut kicherte das Mädchen.

»Shirayuki. Ich heiße Shirayuki.«

»Was für ein ungewöhnlicher Name. Bedeutet das nicht ‚Schnee'?«

»*Weißer* Schnee, um genau zu sein. Wir haben wohl was gemeinsam, nicht wahr, Neve?«

Außer einem müden Schmunzeln konnte er diesem Kommentar jedoch nichts abgewinnen. Shirayuki lächelte weiterhin. *Ein schönes Lächeln*, fand Neve.

»Wenn der Schnee schmilzt, werde auch ich nicht mehr hier oben sein.«

»Okay ...?«

»Ich erzähle dir das nicht nur so. Also versuche bis dahin darüber nachzudenken, wie du fortan leben willst.«

»Wie bitte? Wenn du Mitleid hast, kannst du dir das sparen. Sowas brauche ich nicht!«, schnaufte er säuerlich. Doch auch dieser Anflug von Wut legte sich innerhalb von Sekunden, stattdessen überkam ihn eine wohlige Wärme. Shirayukis Nähe wirkte auf ihn besänftigend - er begriff sich selbst nicht mehr.

»Ich habe kein Mitleid mit dir. Du bist nicht bedauernswert, sondern nur unsicher und verwirrt. Das ist völlig normal.« Beiläufig strich sie sich eine Haarsträhne hinter das Ohr.

Neve verstand nicht, was das Mädchen genau wollte. Als er nicht antwortete, legte Shirayuki ihren Kopf schief und setzte ein nachdenkliches Gesicht auf. Ihre Augen schweiften in die Ferne, als würde sie dort eine einfachere Erklärung entdecken können. Und scheinbar funktionierte es, denn nach einem Augenblick des Grübelns nickte sie zufrieden und blickte ihn zuversichtlich an.

»Jeder hat mal Selbstzweifel oder weiß nicht, wie er an einem Tiefpunkt in seinem Leben wieder aufsteigen kann. Manchmal erscheint alles aussichtslos. Aber darum muss man dich nicht bemitleiden, es geht ja nicht nur dir so.«

»Hm ...«

»Bemitleidenswert wärst du, wenn du dich von diesem Dach stürzt und aufgibst«, kicherte sie amüsiert, was Neve etwas geschmacklos fand, jedoch nichts erwiderte.

Shirayukis Züge wirkten plötzlich mütterlich, als das Kichern stoppte und sie sich kurz für den letzen Satz entschuldigte. Neve hatte das Gefühl, sie von irgendwoher zu kennen. Ihre Anwesenheit war nichts Ungewöhnliches für ihn, so zumindest fühlte es sich an. Er öffnete zaghaft seinen Mund, um etwas zu sagen, doch das Mädchen kam ihm zuvor:

»Was wirst du also tun, wenn du zurück bist?«

»Wenn ich zurück bin ...?«, wiederholte er fragend.

»Wirst du wieder versuchen, dir das Leben zu nehmen?«

»Um ehrlich zu sein, habe ich den Gedanken noch nicht aufgegeben, aber ... «

»Aber? – Ein Aber ist schon mal gut«, erklärte sie freudig.

Neve zeigte keine Reaktion.

»Ich bin zu feige«, gab er ehrlich zu, was Shirayuki belustigte, aber auch beruhigte. Die Angst vor dem Tod war ein starker Verbündeter im Kampf gegen Selbstmord aus Verzweiflung.

»Du bist ehrlich. – Das schätze ich sehr an dir.«

»Nun ja, danke … glaube ich«, gab er verlegen zurück.

Sein Blick schweifte ab, um den peinlichen Moment zu überbrücken. Er fixierte einen Punkt am Himmel und schreckte auf.

Die Vögel schwebten wie festgefroren in der Luft, auch die Autos, die Baumwipfel, die im Wind wehen sollten, und die Menschen auf den Straßen - nichts rührte sich. Die Zeit schien stehengeblieben zu sein.

Das war nicht die Realität. Doch für einen Traum fühlte sich dies alles dennoch zu wirklich an.

In der Ferne hörte er Rufe. Nach und nach begann die Fassade zu bröckeln, die um ihre Seifenblase aufgebaut worden war. Sie schied dahin wie ein schmelzender Eisblock in der hellen Sonne. All das bestärkte ihn in seinem Glauben, sich nicht länger in der Wirklichkeit zu befinden. Deshalb traute er sich nun auszusprechen, was ihm durch den Kopf ging. Er hatte so ein Gefühl, dass dieses Mädchen ihm seine Fragen beantworten konnte.

»Ich bin schon tot, oder?«, fragte er schwermütig, doch zu seiner Erleichterung, schüttelte Shirayuki den Kopf.

»Du wirst es überleben. Sie holen dich gerade zurück.«

»Aber wieso?! Ich bin doch nicht gefallen! Ich stürzte auf das Dach, wie - ?!«

»Deine Seele blieb bei mir, dein Körper aber fiel hinab. Auch wenn ich es eigentlich nicht durfte, so habe ich verhindert, dass deine Seele ins Jenseits überwechselt. Damit du die Möglichkeit bekommst, weiterzuleben.« Aufmunternd klopfte sie Neve auf die Schulter.

Die Hand, die ihn berührte, begann sich ebenso wie der Rest ihres Antlitzes langsam in tausende Lichtfragmente zu verflüchtigen.

»A-aber wer bist du denn dann überhaupt?!«, rief er mit aller

Kraft, als er in einer Ebene aus gleißendem Licht stand. Verwirrt und verängstigt, zitternd und unwissend über das, was als nächstes passieren sollte, rief er die Frage ein zweites Mal aus voller Kehle, doch das Echo seiner Stimme verhallte im Nichts.

Als er die Augen schwerfällig öffnete, sah Neve in die Gesichter von Rettungssanitätern, die sich routiniert, aber hektisch um ihn herum bewegten. Es war kalt und feucht und ihm taten sämtliche Glieder weh. Auch sein Kopf brannte und fühlte sich an wie aus Stein.

Langsam erkannte er seine Umgebung. Das Schulgebäude, der Pausenhof und den Krankenwagen nahebei, in den er vorsichtig umgebettet wurde. Es schneite.

Neve begann zu begreifen. Er war auf einem Haufen Schnee gelandet, was ihm das Leben gerettet hatte. Jenes Leben, das zuerst von seiner Mutter und dann ein weiteres Mal von Shirayuki gerettet worden war.

»A-aber wer bist du denn dann überhaupt?!«
»Ich bin dein Schutzengel. Ich bin der Schnee.«

23 - Das Ende
Jessica R. Kugler

Die Hitze war unerträglich. Es war beinahe schon ein Wunder, dass Edda nicht längst vertrocknet war. Der metallische Geschmack von Blut hatte sich wie ein dünner Film über ihren ganzen Mundraum gelegt. Eine kleine Wunde, die sie vom Kampf davon getragen hatte.

Staub kroch durch die Luft. Er kitzelte in ihrer Nase, erschwerte das Atmen und färbte die Welt matschig grau. Sie spürte, wie die ausgefransten Seile, mit denen man sie gefesselt hatte, ihre Gelenke aufscheuerten.

Edda befand sich in einem kleinen Raum. Die Fenster waren mit Brettern vernagelt und nur vereinzelt schoben sich Lichtstrahlen hindurch. Ob der Morgen schon graute oder es schon längst dämmerte, konnte Edda nicht sagen. Das pochende Gefühl in ihrem Schädel war das Einzige, was ihr ein bisschen Zeitgefühl verschaffte.

Wenn es Edda nur gelänge, an das kleine Taschenmesser in ihrer Hosentasche heranzukommen und sich loszuschneiden. Aber in der jetzigen Situation schmerzte schon der Gedanke, sich zu bewegen.

Vor der Tür erklangen Schritte. Schlurfend und ungestüm. Daran erkannte man sie. Die Wandler oder auch Zombies. Das Gewicht ihres eigenen Körpers, der ohne Seele einiges an Schwere gewann, drückte die untoten Wesen hart auf den Untergrund und machte sie unglaublich träge. Dass sie sich dennoch hatte fangen lassen, wurmte Edda selbst jetzt noch. Aber es hätte schlimmer kommen können, immerhin war sie noch an einem Stück.

Während die Unruhe vor der Tür wuchs, versuchte sich die Sechzehnjährige, ein Stück weit nach hinten zu schieben. In Filmen schafften die Protagonisten es immer ihre Fesseln irgendwie an einer vorstehenden Kante aufzuschneiden – es wurde Zeit, diesen Mythos einmal auszuprobieren. Sie hatte nichts zu verlieren.

Der unebene Boden kratzte auf ihrer Haut, schob ihr ohnehin schon dreckiges T-Shirt ein Stück weiter hoch. Kälte kroch Eddas Nacken hinauf, leckte an den nackten Stellen. Noch ein kräftiger Ruck, dann war es geschafft. Die Blonde keuchte. Schweiß tropfte von ihrer Stirn, über die Wimpern und landete im Dreck. Überhaupt war dieser Zombieapokalypsescheiß nichts anderes als ein großer Haufen Dreck; aber darüber wollte sich Edda nun keine Gedanken machen. Nicht bevor sie wieder auf eigenen Beinen stand. Der Strick, mit dem man sie gefesselt hatte, erwies sich jedoch als äußerst resistent. So viel Kraft sie auch dafür aufwandte, das dicke Seil gegen eines der Tischbeine zu scheuern, brachte es doch kaum mehr als weitere rote Striemen an ihren Handgelenken.

Stöhnend schwang die Tür gegen die danebenliegende Wand. Damit war es für jeden Fluchtversuch zu spät. Edda unterdrückte die Tränen, die sich in ihren Augen wie siedend heißes Wasser sammelten, und hob ihren Blick. Seine Haut war totenbleich, hier und da war sie eingerissen und gab Einblick auf das verfaulte Fleisch im Innern. Er stank grässlich.

»Zeit für den Nachtisch?«, spie die Blonde ihm entgegen und spuckte den verbliebenen Speichel, den der Staub nicht erwischt hatte, direkt vor seine Füße.

Der Untote grinste nur hämisch. Seine Zähne waren kaum noch vorhanden, die wenigen, die er behalten hatte, schwarz und vergammelt. Woher auch immer Eddas letztes Fünkchen Mut gekommen war, unter dem Blick des Wandlers versickerte es schneller als Wasser an einem heißen Sommertag. *Wenn jetzt die Zeit zu sterben ist, wenn dies nun mein letzter Atemzug sei –* Edda konnte nicht einmal in Gedanken formulieren, wie dieser eine Moment sich in ihr Herz fraß.

»Bald. Noch brauchen wir keine verwesenden Weibsbilder«, entgegnete der Wandler knapp und leckte sich dabei über die halb zerfallenen Lippen. »Steh auf.«

Panik umklammerte sie, schnürte Eddas Brust zu. Unfähig

ohne Hände Halt zu finden, strampelte sie mit den Beinen. Der Zombie stieß ein gurgelndes Lachen aus, packte das Mädchen am Nacken und hievte ihren Körper auf die Beine. Schmerz pulsierte in ihren Schläfen und den Gelenken. Sie schrie, kraftlos und hoch, aber das Lachen übertünchte jedes Geräusch. Der Wandler hatte recht. Sie lebte nur, weil sie ein Mädchen war, ein Weibsbild, wie er es ausgedrückt hatte. Wer auch immer die Toten auferstehen ließ, wollte vermeiden, dass es sich bei seinen Soldaten um Frauen handelte. Auch die Anzahl der Auferstandenen schien irgendeinem Muster zu folgen, welches Edda beim besten Willen nicht verstehen konnte.

Es waren nur dreiundzwanzig. Brachte man einen von ihnen zu Fall, erschoss ihn oder schlug ihm gar den Schädel in zwei, so folgte ein Anderer ihm nach. Dabei achteten die Dreiundzwanzig darauf, niemals Hand an eine Frau zu legen, sofern nicht ein Mann gleich darauf sterben konnte. Allein diesem Umstand verdankte Edda ihr Leben. Noch.

Der Flur, durch den man sie schubste wie ein räudiges Tier, war schmal und hatte nackte Wände. Hier und dort mochte es Bilder gegeben haben, aber man hatte sie von den Wänden gerissen und jetzt zeugten nur noch helle Flecken von ihrer früheren Anwesenheit. Der Sechzehnjährigen schmerzten die Knie, aber sie hatte zu große Angst davor, stehen zu bleiben oder einen Hauch von Schwäche zu zeigen.

Der Flur ging fließend in einen größeren Raum über, der wohl einmal das Wohnzimmer gewesen war. Sessel und Sofa hatte jemand an die Wände gerückt, um in der Mitte des Raumes eine freie Fläche zu schaffen. Auch hier waren die Bilder von den Wänden gepflückt worden. Vielleicht war den Wandlern der Anblick ihrer ehemaligen Verwandten zuwider, oder aber es handelte sich um die Auswirkungen eines Tobsuchtsanfalls. Edda kam nicht mehr dazu, eine weitere Theorie aufzustellen, als der Zombie sie von hinten grob zu Boden stieß. Der weiche Teppichboden grub sich faserweise in die Abschürfungen an ihren Knien. Ein protestierender Aufschrei wurde von den Fusseln erstickt. Trotzdem war es weitaus bequemer als in der Abstellkammer, in der die Sechzehnjährige die letzten Stunden verbracht hatte.

Die kleine Wunde an ihrem Kopf pulsierte unangenehm, als der Zombie seine zerfetzen Lippen aufriss: »Da ist sie.«

Mehr nicht. Für eine Weile hingen die Worte unkommentiert in der staubigen Luft. Erst nach einer gefühlten Ewigkeit erhob sich aus einer Ecke des Raumes, die Edda nicht einsehen konnte, eine überraschend weiche Stimme: »Ziemlich heruntergekommen. Ihr solltet sie fangen, nicht halb tot prügeln.«

Die Blonde schnaubte, doch der Ton wurde vom Teppich verschluckt. Warum zum Teufel hatte man sie überhaupt gefangen? Hatte sie bis vor wenigen Augenblicken noch geglaubt, dass diese Gefangenschaft kein Einzelschicksal wäre, so war ihr das Ganze nunmehr schleierhaft.

Angst und Fesseln lähmten sie, sonst wäre ihr ein Ausdruck des Widerwillens über die Lippen gerutscht. So aber blieb die Gefangene stumm, während sie sich den Kopf darüber zermarterte, warum sie nicht längst getötet worden war. Sie war nie sonderlich überragend gewesen. Weder wunderbar kreativ, noch besonders schlau oder in irgendeiner Sportart gut genug, um erwähnt zu werden. Wenn sie von dieser Welt ging, wäre es wahrscheinlich so, als hätte es sie niemals gegeben. Natürlich wollte Edda leben. Das war nicht die Frage. Und wenn irgendein dummer Zufall nun dazu führte, diese ganze Situation unbeschadet zu überstehen, so würde sie sich sicherlich nicht beschweren.

Während all dieser Gedanken hatte die Sechzehnjährige ihre Umgebung nahezu vernachlässigt. So traf der nächste Schritt sie umso überraschender. Ein rascher Griff in ihren Nacken. Das Brennen eines gezielten Stiches. Ein Aufstöhnen, welches wohl aus ihrem eigenen Mund gedrungen war. Dann wurde es schwarz.

Das Nächste, woran sie sich erinnerte, war der Geruch von Desinfektionsmittel, Erbrochenem und Blut. Stechend und Übelkeit erregend, sodass Edda die Augen fest aufeinander presste und sich vorstellte, dass es sich bei all dem um nichts weiter als einen dummen Albtraum handelte. Sekunden verstrichen. Neben ihr scharrte ein Stuhl und eine Plastiktüte raschelte. Edda wurde schlecht. Schon wieder. Durch den Mund sog sie so viel Luft wie möglich ein, ohne groß aufzufallen, dann öffnete sie die Augen.

Das grelle Weiß der Kücheneinrichtung blendete die Sechzehnjährige. Es fiel ihr schwer, sich daran zu gewöhnen.

»Halt still. Sonst übergibst du dich wieder«, wies eine Jungenstimme sie zurecht. Edda presste den Kiefer fest zusammen und versuchte blinzelnd, die faserige Gestalt auf dem Küchenstuhl neben ihr zu erkennen. Auch wenn der modrige Geruch eine ganz bestimmte Vermutung wachsen ließ.

»Kann dir doch scheißegal sein, Dreckszombie!«, zischte Edda zornentbrannt. »Also tu gefälligst nicht so, als wäre es anders.«

Langsam aber sicher zeichnete sich die zusammengesunkene Gestalt des Wandlers deutlicher ab. Sein junges Gesicht wirkte verstimmt und kaum vom Tod berührt. *Hat meine Bemerkung ihn gekränkt?* Was für ein seltsamer Gedanke. Denn Edda war sich vollkommen sicher, dass Zombies keine Gefühle besaßen.

Mit verschränkten Armen lehnte sich der Untote zurück. Seine Worte stachen wie Keile: »Harte Worte von jemandem, dessen Einfühlungsvermögen locker unter einen Stein passt. Ich wollte nur nett sein.«

Wow, er war wirklich beleidigt. Von allen modrigen, halb vergammelten Zombies musste sie natürlich ausgerechnet das verweichlichste Exemplar erwischen. Grandios. Edda stöhnte entnervt auf. Das konnte doch nicht wahr sein!

»Und warum lässt man gerade dich Sensibelchen auf mich aufpassen?«, fragte die Sechzehnjährige betont gelangweilt. Dass man sie vorerst nicht umbringen würde, hatte ihr Mundwerk gelockert. Wenn es nun noch eine Chance zur Flucht gäbe, würde Edda sie ergreifen.

»Weil ich ein Fehlschlag bin und die Anderen in der Stadt zu tun haben«, gab der Wandler betrübt zu verstehen. »Außerdem sind Mädchen einfach zu bewachen. Selbst für mich.«

Die Blonde schluckte den Drang herunter, eine wüste Beleidigung zum Thema, was Mädchen alles konnten, abzugeben und ging stattdessen auf etwas ein, das ihr Interesse geweckt hatte: »Was meinst du mit Fehlschlag?«

»Sieh' mich doch mal an, du dumme Gans!«, blaffte er zornig und sprang so schnell auf, dass Edda zusammenzuckte. »Ich bin ein Kind. Unser Meister hat vorgesehen, dass die 23 starke, männliche Krieger darstellen. Momentan suchen sie wahrscheinlich Ersatz für mich, damit sie mich später um die Ecke bringen können.«

So etwas passte zu dem Bild, welches die Sechzehnjährige sich von dem Regime der Untoten gemacht hatte. Zwar bemühte sie sich, sich nicht allzu sehr für das Schicksal dieser wandelnden Leiche zu interessieren, aber sein kindliches Aussehen machte es schwer, kein Mitleid zu empfinden. Dabei könnte sich dieses Vieh jederzeit auf sie stürzen. Eine bizarre Situation.

Edda leckte sich über die spröden Lippen und fragte dann mit belegter Stimme: »Wenn sie dich so einfach beiseiteschaffen wollen ... Warum lebe ich dann noch?«

Tränen stiegen ihr in die Augen und sie senkte den Blick. Die Frage wurmte das Mädchen viel mehr, als sie je zugeben würde. Es bewegte sie so sehr, dass sie die Antwort fast verpasst hätte.

»Weil du die Protagonistin bist. Das Mädchen, ohne das die Geschichte nicht funktioniert«, erklärte der Zombie und machte eine wegwerfende Handbewegung, als sei diese Antwort das Einfachste der Welt. Edda jedoch fielen beinahe die Augen aus dem Kopf, sie verschluckte sich sogar an ihrer eigenen Überraschung und versuchte diese hustend und keuchend auf den Boden zu befördern. Ihr Herz setzte für einen Moment aus, polterte aber sofort voller Widerwillen gegen Eddas Brustkorb, sodass diese Angst bekam, es würde ihr die Rippen sprengen. Der Zombie hingegen lehnte sich grinsend nach vorn und betrachtete das Schauspiel mit deutlichem Vergnügen in den Augen: »Überrascht? Du bist Teil einer Kurzgeschichte. Einer ziemlich miesen noch dazu. Aber solange du lebst und weiterhin über dich geschrieben wird, hat unser Meister alle Zeit der Welt, um seinen eigenen Plänen nachzukommen.«

Edda blieb der Atem weg und ihre Kehle schnürte sich zu. Dass ihre Stadt von Zombies terrorisiert wurde, war gerade so zu ertragen gewesen. Außerdem hatte Edda schon immer geglaubt, dass es so etwas wie Magie geben musste. Egal ob gut oder böse. Aber, dass sie sich inmitten einer ersonnenen Geschichte befinden sollte, war mehr als unglaubwürdig. Sie fühlte doch, sie atmete, Herrgott noch eins, in diesem Moment erstickte sie beinahe an ihrer Angst.

»Krieg dich wieder ein«, forderte der Untote genervt. »Immerhin bist du damit Zentrum dieser Welt. Damit hast du mehr erreicht, als viele deiner Artgenossen.«

Dabei erklang ein so fröhliches Lachen, dass Edda eisig ums Herz wurde. Ihre Fingerspitzen wurden klamm, das bittere Gefühl kehrte auf ihre belegte Zunge zurück. Wenn dies hier tatsächlich eine Geschichte war, so endete sie mit dem letzten Satz. Dann wäre alles, wofür die Blonde seit jeher gelebt hatte nichts als eine dumme Lüge. Wehmütig dachte sie daran, wie sie ihr Leben bisher verbracht hatte. Damit Dinge auf den Rand ihres Blocks zu kritzeln, in den Pausen mit ihren Freundinnen kichernd über die neusten Geschehnisse an der Schule zu reden oder den ein oder anderen sehnsüchtigen Blick zu verschenken, der ohnehin ungesehen blieb. Im Winter hatte sie Schneeburgen mit dem kleinen Nachbarsjungen gebaut oder hatte abends, wenn seine Eltern ein wenig ausgehen wollten, auf ihn aufgepasst. Edda hatte Kindergärtnerin werden wollen, weil ihr die viele Zeit mit dem Kleinen so gut getan hatte. Und nun? Ihre Nachbarn weilten sicherlich längst unter den Toten.

Die Träume und Hoffnungen, die Edda gehegt hatte, lagen irgendwo zwischen dem angetrockneten Blut auf der Straße und kochten in der Mittagssonne. Aber wenn dies tatsächlich eine Geschichte war, so wäre ihr kümmerliches kleines Leben nichts als ein Beispiel für irgendeine Moral, ein Thema, das verbreitet werden sollte.

Das blonde Mädchen schloss resigniert die Augen. Sie hatte sich nie als das Zentrum von irgendetwas empfunden, hatte nie daran geglaubt etwas anderes zu sein, als ein ganz normales Mädchen. Aber vielleicht war es gerade das, was diese Geschichte ausmachte.

»Ich bin ein Mädchen«, murmelte die Sechzehnjährige und war sich nicht einmal sicher, ob es ihre eigenen Worte waren oder die eines weit entfernten Schreiberlings, »weil ich mich weder von Zombies, noch von den wenigen Worten auf der letzten Seite einschüchtern lasse und erst recht nicht von dir oder deinem Meister. Weil ich immer für das kämpfen werde, was mir wichtig ist. Familie, Zusammenhalt und all das, was mich von einem abgestumpften Untoten unterscheidet. Und wenn das alles nur eine blöde Geschichte ist, na und? Dann ist es meine Geschichte und ich bestimme, wie sie endet und wann der Vorhang fallen wird. Also dann ...«

Ende.

Autoren-Biographien

Amelie Hauptstock hatte eine glückliche Kindheit. Aufgewachsen in dörflicher Gegend am Rande des Ruhrgebiets, fehlte es an nichts. Abitur, Studium der Deutschen Philologie, Kunstgeschichte, Philosophie und Wirtschafts- und Sozialpsychologie (letzteres zumindest in Ansätzen). Nach dem Studium als Sprachassistentin nach Xi'an/VR China, danach Arbeit an der Universität Münster als Wissenschaftliche Mitarbeiterin im Bereich Gesprächsforschung.
Dann der Sprung in die Selbstständigkeit: freiberufliche Germanistin seit Mitte 2011, Arbeit für und mit anderen FreiberuflerInnen, Lesungen mit eigenen Texten und Celloimprovisationen, freie Projekte. Vorerst in Dortmund. Literarische Veröffentlichung ist in Planung, bisher wissenschaftlich veröffentlicht, zum Beispiel unter noam.uni-muenster.de/sasi (Nr. 18) oder www.networx.de (Nr. 58).

Ruth Kornberger ist 1980 in Bremen geboren, hat in Ilmenau Angewandte Medienwissenschaft studiert, lebt in Mannheim und arbeitet als technische Redakteurin. Sie schreibt Kurzgeschichten, die in Literaturzeitschriften, Anthologien und online zu lesen sind.

Andrea Bienek wurde am 01.10.1973 in Hannover geboren, wuchs allerdings in Berlin auf, um dann Ende 1997 wieder zurück in die Umgebung der niedersächsischen Hauptstadt zu ziehen.
Nach ihrer Ausbildung zur Funkelektronikerin 1994, begann sie sich ganz ihrer damaligen Leidenschaft zu widmen, der Musik. Bis zum Millennium rockte sie auf den Brettern, die die Welt bedeuten, den E-Bass oder benutzte die Stimme, um all ihren Kurzgeschichten und Gedanken Ausdruck zu verleihen.
Aus den ehemaligen Kurzgeschichten und Gedanken wurden immer längere Werke. Daher begann sie im Herbst 2006 mit

einem Fernstudium an der Hamburger Akademie für Schriftstellerei, um das professionelle Know-how dafür zu erlernen. Das Studium beendete sie im Dezember 2010. In der Zwischenzeit war sie Mutter eines Sohnes geworden, schrieb Artikel für die Wochenblätter der Umgebung und versuchte sich an verschiedenen Romanprojekten.

Mirjam H. Hüberli wagte vor fast zwei Jahren den Schritt aus dem stillen Schreibkämmerchen in die aktive Szene, und absolvierte im Jahr 2010 ihr Studium zur Online-Redakteurin.
Sie verfasst Jugendbücher, doch geraten auch Fantasyromane und Kurzgeschichten zwischen ihre Schreibfeder. Nachdem sie gerade einen Jugendthriller fertiggestellt hat, arbeitet sie nun weiter an ihrem All-Age-Fantasy-Roman: Die Stadt der Verborgenen und überarbeitet die Manuskripte ihrer beendeten Romane Faoon und Schattenklang (1.Teil einer Trilogie.)

Annika Dick wurde am 23. Februar 1984 in Meisenheim geboren und lebt im benachbarten Desloch im Nordpfälzer Bergland. Nach dem Abitur machte sie eine Ausbildung zur Fremdsprachenkorrespondentin. In ihrer Freizeit schreibt sie seit ihrer Kindheit fantastische Geschichten. Doch erst im Jahr 2011 wagte sie mit ihrer Teilname an Anthologien den Weg in die Öffentlichkeit.

Malena Just wurde in Braunschweig geboren und besucht dort zurzeit ein Gymnasium. Ihre Lieblingsfächer sind die Sprachen. Bereits seit dem zehnten Lebensjahr verfasst sie ihre eigenen Geschichten.

Dörte Müller wurde 1967 in Bad Lauterberg im Harz geboren. Während des Studiums (Anglistik, Germanistik und Kunst) verbrachte sie ein Jahr in den USA. Anschließend arbeitete sie zehn Jahre als Lehrerin an einer Realschule in der Nähe von Bonn.

Zur Zeit lebt sie mit ihrem Mann und ihren zwei Kindern in Düsseldorf. Sie hat bereits einige Kurzgeschichten und Gedichte in verschiedenen Anthologien veröffentlicht.

Die in Klagenfurt, Österreich, geborene **Anna Eichinger** studierte Chemie an der Universität Wien. Nach einigen Jahren wissenschaftlicher Tätigkeit arbeitete sie in der Pharmabranche. Anna Eichinger lebt verheiratet und ihren mit drei Kindern in Wien.

Rebecca Martin wurde 1990 in Memmingen im Allgäu geboren und lebt dort. Sie arbeitet als Kauffrau für Bürokommunikation in einer ortsansässigen Druckerei und schreibt nebenzu Geschichten. Mehr Infos auf: http://martinrebecca.jimdo.com/

Julian Stawecki wurde am 23. Juni 1987 in Braunschweig geboren und studiert derzeitig an der Universität Trier Germanistik und Japanologie. Neben dem Studium veröffentlicht er auf seinem Blog (salvoschreibt.wordpress.com) zahlreiche Kurzgeschichten und berichtet aus dem Alltag eines Autors. Mit seinem ersten selbstveröffentlichten Kurzroman „Mina im Land der Grundlosigkeit" stieg er im Herbst 2011 in den noch recht jungen e-Book Markt.

Andreas Kimmelmann wurde am 29. Januar 1979 in München geboren und studierte ebenda Jura an der LMU. Danach arbeitete er als Rechtsanwalt für Strafverteidigung in der Kanzlei des Strafverteidigers Rolf Bossi. Später war er abwechselnd als Wissenschaftlicher Mitarbeiter und als Anwalt tätig, bevor er schließlich seine Tätigkeit für einen Versicherungskonzern aufnahm. Er ist verheiratet und lebt mit seiner Frau Sarah in der Nähe von München.

2007 veröffentlichte er seine ersten beiden Romane "Virus X -

Die letzten Tage im Diesseits" und "Der Fluch des Schattenkönigs" im Verlagshaus Schlosser. Ab Ende 2010 erschienen die ersten Bände der Kinderbuchreihe "Bayernmaxl" im Verlag P.M. Publishing & Media GmbH, für die er die Texte schrieb. Andreas Kimmelmann hat mehrere Kurzgeschichten in Magazinen, Anthologien und Internetmagazinen veröffentlicht, unter anderem "Agenda 2050". Im Juli 2011 erschien sein Kriminalroman "Mord im Lichthof" über den ersten Fall des Münchner Junganwalts Alwin Eichhorn im Titus Verlag. Für seine Horror-Kurzgeschichte "Aufgeblasenes Pack" wurde er am 2011 auf der Frankfurter Buchmesse mit dem 3. Platz beim Ersten Deutschen E-Book-Preis ausgezeichnet.

Vera Martin wurde 1985 in Remagen geboren und lebt zusammen mit ihrem katzenverrückten Hund in einem kleinen Dorf in der Nähe von Koblenz. Ihre Kurzgeschichte „Der perfekte Mann" wurde in der Anthologie „So geht verlieben", erschienen beim BOD-Verlag, veröffentlicht.

Sophie Seifert wurde am 3.Mai 1993 in Dresden geboren, wo sie 2012 auch ihr Abitur absolvieren wird. Das Schreiben ist seit der Grundschule ihre große Leidenschaft und sie bewegt sich dabei v.a. im Genre der eher melancholischen Romanzen und manchmal auch der Fantasy. Neben »Wunderschönes Mädchen« wird 2012 eine weitere Kurzgeschichte von ihr in einer Anthologie gedruckt, was ihre ersten Veröffentlichungen sein werden.

Sigrid A. Urban (geb. 1971) lebt und arbeitet in der Nähe von München. Sie schreibt Kurzgeschichten und Romane. Ihr zweiter Roman „Engelsgesang" erschien 2011 im Himmelstürmer Verlag. Des Weiteren schreibt sie erotische Kurzgeschichten unter Pseudonym, die als Hörbücher erschienen sind.

Grażyna Werner wurde am 12. Februar 1955 in Warschau geboren. Sie studierte Germanistik sowie Romanistik. Nach dem Studium wohnte sie zunächst in Berlin, seit 1986 lebt sie in Halle/Saale. Sie ist verheiratet und Mutter einer erwachsenen Tochter. Jahrelang arbeitete sie als freiberuflich als Dozentin (Deutsch als Fremdsprache, Französisch, Polnisch, Spanisch, Russisch), Sprachmittlerin (Schwerpunkt: polnisch für Gerichte und Behörden) und Autorin (vor allem Lehr- und Übungsbücher). Aktuell ist sie als Französischlehrerin in den Privaten Allgemeinbildenden Schulen in Großkorbetha (Sachsen-Anhalt) tätig.

Manuela Inusa wurde am 17.09.1981 in Hamburg geboren, wo die gelernte Fremdsprachenkorrespondentin auch heute noch mit ihrem Mann und ihren zwei Kindern lebt. Die Autorin hat bereits mehrere Kurzgeschichten in Anthologien veröffentlicht, Anfang 2012 erschien ihr erstes Kinderbuch "Fridoline Pappelspitz" im Handel. Zu ihren Hobbys gehören Lesen und Reisen.

Cathrin Kühl schreibt seit ihrem 13. Lebensjahr Geschichten, sowie Tagebücher und seit 2007 auch Fantasyromane. Ihr erster Roman heißt „Grenzenlos" und ist über Books on Demand im Mai 2011 erschienen. Im August 2011 erschien „Twitter-Lyrik 3: Mehr Gedichte mit (maximal) 140 Zeichen" von Books on Demand und Literaturcafé.de, in welchem sie mit einem Kurzgedicht ebenfalls vertreten ist. Im November 2011 hat sie ein Fernstudium bei der SGD mit dem Titel „Autorin werden – professionell schreiben lernen" abgeschlossen.

Annika Dirks schreibt seit ungefähr drei Jahren regelmäßig. Am liebsten Kurzgeschichten und Gedichte, wobei sie bis jetzt noch nichts veröffentlicht hat. Ihr Wunschberuf ist es ist es irgendwann Autorin und Lektorin zu sein, da sie das Lesen liebt und nicht ohne Bücher leben kann.
Ansonsten trifft sie sich gerne mit Freunden oder geht schwimmen.

Sonja Schlegl, geboren am 30.04.1995, lebt noch bei ihren Eltern in ihrer wunderbaren kleinen Geburtsstadt. Ab der dritten Klasse hat sie das Lesefieber gepackt, ihr Lieblingsgenre ist Fantasy. Schon sehr früh hat sie immer wieder Geschichten geschrieben, doch erst seit Sommer 2011 beteiligt sie sich an Ausschreibungen für Kurzgeschichten. Nach einer Zusage in der Anthologie „Besessen von einem Dämon", ist „Weil wir Mädchen sind" ihre zweite erfolgreiche Teilnahme.

Mika Khalil wurde am 23.05.89 wurde in Berlin geboren, ihre Wurzeln hat sie aber im entfernten Palästina. Nach ihrem Schulabschluss 2005 musste sie aus familiären Gründen nach Baden-Württemberg umziehen, wo sie eine Ausbildung zur Medizinischen Fachangestellten machte.
Zu ihren Hobbies zählt sie neben dem Schreiben außerdem noch das Zeichnen. Beim Schreiben ist ihr wichtig, dass die Umstände in denen die Charaktere sich befinden und ihre Gefühle und Eindrücke dazu, den Leser erreichen und hoffentlich nachempfunden werden.

Jessica R. Kugler, geboren am 25.06.1993, lebt und arbeitet in ihrer Geburtsstadt Cuxhaven. Ihre erste Geschichte, ein selbst gestaltetes Bilderbuch, verfasste sie im Alter von sechs Jahren, kaum dass sie Schreiben gelernt hatte. Bilderbücher gestaltet die Abiturientin heutzutage nicht mehr, dafür widmet sie sich mittlerweile allerlei Anderem wie Kurzgeschichten oder Gedichten und hat die Freude am Schreiben nicht verloren. Mit ihren Werken möchte sie hauptsächlich die Schönheit einfachster Worte freilegen und ihre Leser über sich und andere zum Nachdenken bringen.
Bei ihrem Beitrag in der Anthologie „Weil wir Mädchen sind" handelt es sich um ihre erste Veröffentlichung dieser Art.

Titel 2012 im Wölfchen Verlag

Die Dunkelmagier Chroniken - Die Erben der Flamme

Ab'Nahrim, einst legendäre Tempelhallen der Zwergenstadt Belerock, heute zerstörtes Elendsviertel, bedeutet für die letzten Menschen von Kyranis nur eines: der tägliche Kampf ums Überleben. Erbarmungslos bestimmt der Terror der Dunkelmagier aller Leben. Lee ist ihr vorbestimmtes Schicksal als Untergebene zuwider, doch hätte sie nie zu träumen gewagt, dass ihr Protest am Großen Platz von Ab'Nahrim in eine gefährliche Reise mit dem jungen Aufwiegler Akio und dem archaischen Feuerwesen Cherome mündet, welche das Schicksal von ganz Kyranis verändern wird.
Autor: Carsten Thomas
Erscheinugstermin: August 2012.
ISBN: 978-3-943406-17-7
Mehr unter: www.woelfchen-verlag.de

D.A.S.H - Wir verhindern den Weltuntergang

„Wer sagt, dass immer Dämonen Schuld am bevorstehenden Weltuntergang tragen? In Wahrheit sind es Menschen, die aus uralten Büchern lesen, ohne zu wissen, was sie da beschwören!"
Vampir Tobias hat seinem alten Leben den Rücken gekehrt, um das Mädchen Lissa vor einem eingeschnappten Schwarzen Mann zu beschützen. Doch sammeln sich die Dämonen in Ulm, seinem Versteck, und bereiten ein rauschendes Weltuntergangsfest vor. Direkt vor seiner Haustür! Tobias sieht sich gezwungen, einzuschreiten. Schließlich musste er sich als D.A.S.H. Mitglied ständig mit Möchtegernzauberern herumschlagen. Bevor er jedoch den Auslöser findet, stirbt er – ein zweites Mal. Aber wie soll er als untoter Geist auf Lissa aufpassen?
Tobias muss sich beeilen, denn das Ende der Welt wartet auf niemanden ...
Autor: Cornelia Franke
Erscheinugstermin: 2012.
ISBN: 978-3-943406-01-6
Mehr unter: www.woelfchen-verlag.de

2049 - Rebellion gegen die Sammler

2049: Vor Jahren haben Außerirdische in Gestalt von Software und Maschinen die Erde erobert und die Menschheit unter ihre Kontrolle gebracht. Sie befinden sich auf einer langen Reise durch das Weltall und "sammeln" auf den Planeten, die sie ansteuern, das Bewusstsein der intelligentesten Wesen, die sie dort vorfinden. Auf der Erde scannen sie die Gehirne aller Kinder nach der Geburt und wählen die Begabtesten aus, um sie in besonderen Schulen auf die "Große Vereinigung" vorzubereiten. Bei dieser soll das Bewusstsein der Kinder nach Vollendung ihres dreizehnten Lebensjahres in Software umgewandelt und mit dem kollektiven Bewusstsein der "Sammler" vereinigt werden, sodass sie diese auf ihrer Reise durch das All begleiten und unzählige fremde Welten kennen lernen können.

Robert steht kurz vor seiner "Großen Vereinigung" und freut sich darauf. Aber als er dem Mädchen Micki begegnet, dessen Eltern als Rebellen gegen die Sammler im Untergrund leben, gerät alles, an das er geglaubt hat, ins Wanken. Was Micki erzählt, ist für ihn ein Schock. Ist die "Große Vereinigung" nur eine Lüge? Robert muss sich entscheiden, auf welcher Seite er stehen will, und er entschließt sich, ein gefährliches Spiel zu spielen.

Der Roman „2049 Rebellion gegen die Sammler", von Manfred Lafrenz, war 2010 unter den fünf Nominierten des Goldenen Picks, der seit drei Jahren von der FAZ und Chicken House Deutschland veranstaltet wird.

Autor: Manfred Lafrentz
Erscheinugstermin: 2012.
ISBN: 978-3-943406-21-4
Mehr unter: www.woelfchen-verlag.de

Die junge Silberwölfin Naika und die Indianerin Topsannah teilen das gleiche Schicksal: Man verbietet ihnen die Unabhängigkeit.
Die beiden teilen jedoch auch ein Geheimnis. Nachts schleichen sich die Freundinnen aus dem großen Tal, um sich das Jagen beizubringen. Bis sie in die Fänge von Wilderern geraten, die sie verschleppen. Dadurch bricht jedoch der Winter erstmalig über das Tal herein. Werden Naika und Topsannah rechtzeitig entkommen, bevor ihr Tal im ewigen Eis versinkt?
Rückkehr in das Tal der Silberwölfe, von Alfons Th. Seeboth, ist ein spannendes Abenteuer von der ersten bis zur letzten Seite.
Erscheinugstermin: 18.05.2012.
ISBN: 978-3-943406-13-9
Mehr unter www.woelfchen-verlag.de

Dracheneiern werden magische Kräfte zugeschrieben. Sie verheißen Fruchtbarkeit, Macht, Reichtum und sogar kulinarische Sensationen. Kein Wunder, dass alle möglichen Kreaturen hinter ihnen her sind, allen voran Vertreter der Spezies *Mensch*.
Die neun ineinander verwobenen Geschichten verfolgen die Spur des Dracheneies durch Raum und Zeit. Sie erzählen von Betrug, Diebstahl und List. Aber auch von Liebe und Glück.
Eine der neun Geschichten in der Anthologie **„Drachen Diebe und Dämonen"** ist von der Bestseller Autorin *Melanie Metzenthin*.
Hrsg: Gerd Scherm
ISBN: 978-3-943406-05-4
In jeder unabhängigen Buchhandlung oder beim bestellbar.
Mehr unter: **www.woelfchen-verlag.de**